¡PUEDO SUPERARME!

¡Puedo superarme!

Cómo seguir adelante
y crecer interiormente

Bernardo Stamateas

GRUPO ZETA

Barcelona • Madrid • Bogotá • Buenos Aires • Caracas • México D.F. • Miami • Montevideo • Santiago de Chile

1.ª edición: mayo 2015
1.ª reimpresión: junio 2015

© Bernardo Stamateas, 2013
© Ediciones B, S. A., 2015
   Consell de Cent, 425-427 - 08009 Barcelona (España)
   www.edicionesb.com

Printed in Spain
ISBN: 978-84-666-5562-0
DL B 9351-2015

Impreso por LIBERDÚPLEX, S.L.
Ctra. BV 2249, km 7,4
Polígono Torrentfondo
08791 Sant Llorenç d'Hortons

*Para ti, querido lector,
que tienes este libro en tus manos.
Para todos aquellos que creen
que es posible poder superarse.*

ÍNDICE

INTRODUCCIÓN

Muchas veces nos sucede que mientras queremos alcanzar una meta quedamos detenidos y atascados a mitad de camino; entramos en «una zona de confort», donde tenemos que decidir si quedarnos allí y no avanzar, o dar un paso adelante y seguir creciendo.

En este libro quiero compartir contigo algunas ideas prácticas que han servido y ayudado a muchas personas para alcanzar sus metas y sueños. No necesitamos grandes cambios drásticos, sino uno pequeño capaz de empujar, como una ficha de dominó, otros pequeños cambios que nos ayuden a superarnos.

Desarrollaré ideas como liberar la creatividad, trabajar en equipo, mejorar nuestro liderazgo, empezar a delegar, transformar los errores en aciertos y permitir la construcción hacia delante, y estar enfocados.

Cuando miramos hacia atrás vemos lo que ha sucedido, vemos las pérdidas; cuando miramos hacia delante vemos las oportunidades. Un buen líder mira hacia atrás y construye hacia delante. De eso se trata este libro: de salir de nuestra zona de estancamiento, abandonar nuestra zona de confort y saber que todos podemos crecer. Si otro lo logró, nosotros también podemos hacerlo.

Nos vemos en la cima.

BERNARDO STAMATEAS

1

LIBERA TU CREATIVIDAD

1. DEJA FLUIR TUS IDEAS

¿Qué es una idea? La palabra «idea» puede relacionarse con:

- La imagen o representación de algo que conocemos y está guardado en nuestra mente.
- Una convicción, creencia u opinión.
- La intención de hacer algo.
- El ingenio para disponer, inventar y trazar una cosa.
- Una ocurrencia: una idea inesperada.

Como vemos, «idea» se relaciona con conceptos como creación, proyectos, planes, soluciones, resultados: al mundo no lo mueve el dinero, lo mueven las ideas brillantes. Para multiplicar lo que tenemos y resolver problemas necesitamos buenas ideas. Una idea puede abrirnos puertas y llevarnos a un nuevo nivel, puede conducirnos a un resultado extraordinario.

Te preguntarás si todas las ideas sirven. No es necesario alumbrar ideas geniales. Cualquier idea puede mejorarse, puede superarse a sí misma: la más simple de ellas puede dar impulso a tu idea de oro.

¿Alguna vez has tenido una idea que te parecía brillante y el resultado no fue el que esperabas? Muchas ideas parecen geniales en el momento en que se formulan, cuando son teoría. Una vez gestada la idea, el primer paso es hacer un resumen del proyecto, definir en pocas líneas cómo la llevaremos a cabo. Y después llega el momento de ejecutarla, hay que entrar en acción para que se desarrolle, para que se concrete.

Solo la voluntad personal para concretar una idea podrá llevarla a un nivel más alto. No se trata de tener mala o buena suerte. Hay personas con determinadas características que las llevan a los lugares equivocados en el momento erróneo. En cambio otras van al lugar correcto en el momento adecuado.

La mayoría de los millonarios no pertenecían a familias adineradas, no tuvieron herencia, o recursos, y prosperaron solo con una idea de oro.

2. Apuesta por el poder de tu imaginación

Las investigaciones más recientes revelan que las mejores ideas no surgen cuando las personas están trabajando: aparecen en la mente mientras están paseando o cocinando. Surgen de una manera espontánea, inesperada. Cuando estamos bajo presión la mente se comprime, mientras que cuando nos relajamos se distiende y empieza a funcionar de otra manera. Lo confirma el hecho de que muchos grandes inventos surgieron de la manera más inesperada.

Nuestro cerebro tiene dos hemisferios. El izquierdo se relaciona con lo racional: pensar y analizar. El derecho funciona cuando nos relajamos, cuando nos divertimos. Es entonces cuando se expresa nuestra creatividad. Para diseñar ideas innovadoras, es necesario que utilicemos las capacidades de ambos hemisferios cerebrales:

1. *Pensar más.* Una parte de la generación de ideas pasa por el intelecto. El cerebro se alimenta con información y se entrena con preguntas. Actualiza diariamente tus conocimientos, cuantos más sean, mejor. Interésate por todo lo nuevo que surge, nunca se sabe qué dato puede servirte para formar una nueva idea.
2. *Reír más.* Las investigaciones han descubierto que cuanto más reímos, tantas más ideas generamos. Al reírnos nos relajamos y se activa el hemisferio derecho del cerebro, el que se relaciona con la creatividad.

Piensa en un tema, analiza toda la información, la que ya tenías y la que hayas adquirido, porque una nueva idea puede ser una combinación distinta de conocimientos ya existentes. Y después, piensa en cualquier otra cosa, puedes dar un paseo en bicicleta o mirar una película divertida. Es necesario que reservemos un tiempo para desconectarnos de las actividades de todos los días y dejar que la mente se mueva con libertad. En ese momento se pondrá en movimiento la imaginación, el elemento indispensable para la creatividad, es decir, la capacidad de crear. Crear significa hacer nacer, darle vida a algo.

¿Por qué cuesta animarse a poner en práctica nuevas ideas?

Desarrollar una idea innovadora implica asumir un riesgo. Es entonces cuando surgen las dudas: «¿Y si no funciona? ¿Para qué cambiar lo que es exitoso? ¿Para qué correr riesgos?» Lo desconocido nos saca de nuestra zona de confort y nos da miedo.

Pero recuerda que, como dijo Winston Churchill: «Los imperios del futuro son los de la mente.» Este visionario comprendió que el capital más valioso ya no serían las materias primas, sino el capital intelectual: las ideas. Y una vez que las ideas se alumbran necesitan el ambiente adecuado para crecer, desarrollarse y generar resultados.

Solo es necesario encontrar personas que no desalienten las ideas que parecen «locas», sino que les aporten criterios valiosos para mejorarlas y ponerlas en práctica. Muchas personas de éxito no hicieron más que escuchar, agregar, quitar y llegar a un concepto que les permitió ganar dinero. Son la clase de gente que corre el riesgo de hacer algo nuevo, algo que nadie emprendió antes.

En la actualidad la competencia y el cambio permanente aparecen en todos los ámbitos: en las empresas, en las universidades, en la familia. Pese a que el ritmo de los cambios es vertiginoso, aun así son muchas las personas que se resisten a cambiar y siguen rigiendo su vida con ideas viejas que ya no tienen sentido ni utilidad. Debemos saber que las ideas que en algún momento fueron exitosas pueden dejar de serlo. En un mundo en cambio permanente hay ideas que se vuelven obsoletas, inútiles. Es hora de ver que lo nuevo no está más allá de nuestras posibilidades, que el riesgo no es desmedido, que al tomar contacto con la realidad lo imposible se hace posible.

Tal vez al principio el proceso sea difícil, pero vale la pena asumir el riesgo. No te cierres a lo nuevo. No te conformes con los logros del pasado. Tu sueño te desafía a ir a por más. Tenemos que anticiparnos al futuro; de lo contrario el riesgo es quedar fuera del sistema. Tengamos presente que, dada la velocidad con que se producen hoy los cambios, tenemos que implementar la idea antes de que sea vieja, de que ya no sirva. Muchas veces el éxito tiene que ver con aplicar nuevas y mejores ideas en lugar de criticarlas o aferrarse a los viejos conceptos.

Propongamos ideas innovadoras que producen resultados. Todo cambio producirá también errores y nos enfrentará a dificultades, pero en ese proceso habrá un aprendizaje continuo que debemos aprovechar para obtener el éxito esperado.

2

FORTALECE TU ESTIMA

1. ¿CÓMO TE ESTÁS VIENDO?

La autoestima es la manera en que nos sentimos con respecto a nosotros mismos. Aunque te cueste creerlo, las batallas más grandes se libran dentro de ti. Eres la primera persona que puede ocasionarte problemas.

¿Cómo está tu autoestima? ¿Cómo te ves a ti mismo? Tal vez te descubras diciendo:

«Siento que todo me sale mal.»
«Siento que soy un desastre.»

Has de saber que todos tenemos la capacidad de hacer y alcanzar lo que soñamos. En nuestro interior existen talentos y dones que aún no hemos soltado. Eso se llama potencial. Y para que ese potencial se transforme en hechos, nuestra autoestima debe estar sana.

La autoestima sana es un sentimiento de orgullo por lo que cada uno es. También podemos llamarla autocontento.

Es la habilidad de sentirse digno de ser amado y de sentirse capaz. La manera en que te veas determinará tu comportamiento.

No confundas la parte con el todo. Nadie es bueno en todo. Ni malo en todo. Afírmate en lo que seas bueno y revisa lo que te haga sentir mal. Y recuerda siempre que puedes cambiar lo que esté mal.

No confundas popularidad con felicidad. La popularidad consiste en agradar a los otros, ser reconocido y respetado por los demás. Pero ser popular no garantiza ser feliz. La felicidad radica en agradarte a ti mismo. Ten presente que como te veas a ti mismo, así te verán los demás. Eres la primera persona a quien tienes que impresionar. ¿Cómo?

- Atrévete a ser tú mismo, no pidas disculpas por eso.
- Acéptate como eres y ámate de forma incondicional.
- Habla bien de ti mismo.
- Haz y acepta elogios.
- Trátate con amor y permítete sentir placer sin culpa.
- Confía en tu mejor amigo, que eres tú.
- Celebra tu forma de ser: tus virtudes, tus sueños, tus éxitos.

Cuando logras hacerlo, ya no tienes necesidad de imitar a nadie, de hablar o actuar como los demás. No necesitas renunciar a tu singularidad, a ser lo que eres.

Desde la niñez vemos que hay ciertas cosas que satisfacen a nuestros padres, a los adultos. Son el ideal social. Muchas veces los padres quieren que sus hijos sigan sus pasos; si un padre es abogado posiblemente quiera que su hijo también lo sea. Tal vez el hijo se licencie en Derecho y llegue a ser juez. Y esto sin duda será gratificante, porque alcanzó el ideal social. Pero no su ideal personal.

En cambio, si una persona alcanza su ideal personal —por ejemplo, siendo músico— pero este no coincide con el ideal social, la falta de reconocimiento social puede causarle ansiedad. En ambos casos, tal vez surjan sensaciones de frustración, ansiedad o amargura.

Cada persona es única e irrepetible; criticarse y compararse con el otro no suma a nuestra vida, sino que resta. En la comparación habrá uno que saldrá ganando y otro, perdiendo. Cada ser humano es un original, cuando nació se rompió un molde que solo le pertenecía a él. No somos fotocopia de nadie, por lo que ninguna comparación será viable.

2. ME PONGO UN 10

Alcanzar una imagen correcta de nuestras fortalezas y debilidades equivale a tener una estima sana. Sepamos que nuestras debilidades se convierten en nuestras fortalezas si no las escondemos, si no nos avergonzamos de ellas. Así pues, hagamos las paces con ellas. Si nuestros orígenes no fueron favorables, tenemos que estar orgullosos de ellos, de nuestra pobreza o de haber arrancado de cero, y compartir nuestra historia.

Cuando podemos reconocer nuestras debilidades somos fuertes. Sabemos qué cosas nos causan miedo, ante qué somos vulnerables. Y decidimos vencer nuestros miedos para avanzar. Esa es nuestra fortaleza.

¿Cuál es la diferencia entre tener miedo y pretender ser invulnerable? Por ejemplo, es razonable que un soldado en una trinchera sienta miedo. Frente a ese miedo puede reconocerlo, dominarlo y quedarse allí. O sucumbir al terror y huir a la retaguardia.

La gente exitosa no teme ser vulnerable. Sabe pedir y sabe dar.

Las personas con baja estima, las mediocres e inseguras, no solo no piden consejo, sino que no piden ayuda, no piden nada. Intentan mostrarse invulnerables. Así la tensión crece hasta un punto en que les impide avanzar.

Una forma en la que se manifiesta la baja estima es la paranoia. ¿Qué significa? Es una manera de funcionar, o de vivir, en estado de hipervigilancia de todos y de todo.

Una persona paranoica no se atreve a ver nada malo en sí misma y proyecta el mal en los demás. Lo malo —la culpa, la vergüenza, la envidia— siempre viene de fuera. Los otros siempre son una amenaza oculta, por eso vive esperando la traición o el ataque y por eso busca datos que confirmen una y otra vez su tesis: «Quieren perjudicarme.»

La intimidad hace que se sienta más vulnerable y la evita porque «todo lo que digas lo usarán en tu contra». Por eso pone distancia física y emocional entre sí misma y los demás.

El paranoico es incapaz de ser autocrítico. La autocrítica constituye una parte necesaria de la autoestima. Ejercer la autocrítica no es condenarse, sino admitir el error para poder corregirlo. Es, en definitiva, una manera de aprender.

Las experiencias de los primeros años, la relación con los padres —los primeros líderes naturales presentes en la vida de toda persona— influyen en la capacidad para aceptar el error.

No se trata de que los padres ignoren los errores que cometen sus hijos. Cuando un niño comienza a reconocer y usar las letras no se le marca el error, se le permite que escriba como puede y se lo anima, pero poco a poco se le va indicando la forma de hacerlo correctamente. Por ejemplo, al comienzo dejamos que escriba vaca con «b» pero cuando ya está inmerso en el sistema escolar el maestro le dirá que debe hacerlo con «v». Entonces deberá incorporar las exigencias y ajustarse a ellas. Esta actitud con respecto al error promoverá en el futuro la aceptación de los fallos propios y ajenos, paso indispensable para corregirlos.

Si un padre no aceptaba los errores de su hijo en la niñez, sin darse cuenta le estaba enseñando a hacer lo mismo cuando llegara a adulto. Y junto con ello, a ocultar los posibles fallos por temor a su reacción. Si en cambio, después de señalarlo le hubiera indicado cómo corregirlo, lo habría motivado a superarse. Cuando el error se acepta y se supera, la crítica construye.

3. LA MIRADA SOCIAL

¿Te preguntas cómo manejar la mirada social?
Ante todo, ten presente que:

Lo que piensas de ti mismo es un asunto tuyo.
Y lo que los demás piensan de ti es un asunto de ellos.

Si alguien te llama «tonto», ese mensaje únicamente te afectará si tú aceptas ser tonto. Si no es así, no tienes motivos para sentirte mal. No concedas autoridad a esa persona para que te saque de tus casillas, que no te haga perder la cama. No le des valor a esas palabras.

Por supuesto, siempre habrá alguien que no nos quiera, que nos critique porque simplemente no le gustamos. No es una buena inversión ir por la vida buscando que nos amen. Procuremos dedicar la vida a «amar», no a que nos amen. No intentes demostrar nada a nadie, que por ganar una batalla no pierdas una guerra.

Aprender a no reaccionar es poner un límite sano. Si algo te enoja, cierra tu boca, porque en ese momento dirás algo de lo que luego puedes arrepentirte.

Por ejemplo, es posible que te preocupen los comentarios hostiles en las redes sociales. Pero ten en cuenta que una persona que no te quiere sencillamente te va a ignorar. Si alguien se toma la molestia de buscar tu Twitter o tu Facebook para subir un comentario negativo, es porque está buscando tu atención. No se conecta por afecto, para decirte algo agradable. Te dice que «eres feo/a» porque sabe que la agresión va a llamar tu atención.

Cuando recibes diez comentarios positivos y uno negativo y te quedas fijado en el negativo, es porque algo de la mirada social se activó en ti. Por eso, no reacciones. No concedas un valor afectivo a lo que dicen. Limítate a usarlo como un instrumento racional, como un dato para determinar qué puedes mejorar o cambiar.

Puedes cambiar impresiones con tus superiores, con tus pares y con el público en general, porque son tres fuentes de datos, pero no des a sus opiniones un lugar afectivo. No hagas la lectura «me quiere o no me quiere». Las redes sociales, tan en boga hoy en día, deben servirnos para montar estrategias.

Si te duele cuando otros marcan tus errores, transforma esta información en experiencia, en un dato. No lo tomes como algo personal. Lo más grandioso del ayer es que nos sirve para aprender, para tender un puente con el presente y para que lo que hicimos en el pasado hoy se convierta en algo que nos ayude a crecer.

Si tu jefe le hace algún comentario negativo sobre tu desempeño a otra persona, seguramente se debe a un error tolerable. Si se tratara de algo intolerable, lo hablaría directamente contigo. Déjalo pasar. Abandona toda tensión en tu trabajo, tómalo como algo que ha de servirte para deshacerte de todo peso.

Si en tu entorno la mayoría de las personas son falsas, busca un grupo sano fuera de ese entorno. Todos necesitamos una madriguera donde poder conectar con gente sana que nos bendiga y sume a nuestra vida.

3

DECIDE SER LÍDER

1. EL 90 POR CIENTO ES ACTITUD

Las personas que lograron una meta, tanto sea ganar un torneo deportivo como hacer un descubrimiento científico, nos despiertan admiración. Son personas que lideran sus proyectos, sus sueños, su vida.

También tú tienes objetivos y metas que alcanzar, y tal vez te preguntes cómo hacerlo. Es fundamental que desarrolles una faceta: la actitud.

La actitud es la conducta, la expresión visible de tu sentimiento interno. Es la manera de reaccionar ante las cosas que nos pasan.

No importa cómo sean los hechos. Ante un mismo problema, la actitud de una persona puede ser deprimirse, paralizarse, mientras que otra puede enfrentarse a ello y avanzar. Aunque debas encararte a la adversidad, una buena actitud puede vencerla. Lo más importante no es el hecho al que te enfrentes, sino cómo lo hagas. En lugar de pensar interminablemente en lo que te pasa, empieza a pensar en lo que haces tú con lo que te pasa.

Un hombre de éxito como Rockefeller dijo que «la vida es un 10 por ciento de las cosas que nos pasan y un 90 por ciento de cómo reaccionamos a lo que nos pasa». Ese 90 por ciento es la actitud. Tu manera de reaccionar ante cada situación se manifiesta en el cuerpo, en el rostro. Va contigo a todas partes. Y la gente lo percibe.

Si vamos al encuentro de alguien pensando: «Es insoportable, seguro que me va a criticar todo lo que diga», ya desde el saludo se lo decimos sin hablar. Con una pequeña arruga en la frente, una sonrisa «de compromiso». Por supuesto, se nos recibe como esperamos.

Una buena actitud es sinónimo de buenas relaciones con los demás. Cultiva buenas relaciones y recibirás lo mejor que el otro pueda darte. Si eres respetuoso, generoso, amable, agradecido, las personas que te rodean confiarán en ti. Serás creíble, no necesitarás convencerlos de tus objetivos. Trata bien a toda la gente. Tal vez esa persona que acabas de conocer mañana sea quien esté en posición de abrir la puerta a tu proyecto.

Si no tienes una buena actitud no solo puedes perder tu trabajo o fracasar en una empresa, puedes crear conflictos en tu pareja o en tu relación con tus hijos. También puede dañar tu relación contigo mismo: una mala actitud, el miedo, la preocupación, la queja, causan enfermedades cardiovasculares.

La gente suele decir que tiene mil y un problemas, pero en realidad tiene uno solo: la mala actitud. Es lo primero que has de cambiar. Dirige tu mente a tu propia superación. Esa tiene que ser tu actitud: no compitas con nadie porque no necesitas vencer a nadie más que a ti mismo. No dejes que los demás determinen tus acciones. Al contrario, adopta las actitudes que modelen la calidad de tus relaciones. La gente con una actitud positiva atrae a quien puede aportar algo a su vida. Tú eliges cuál será tu actitud.

Si dices «es imposible», «no puedo», en el mismo momento en que lo expreses otra persona lo hará. Y si esa persona puede hacerlo, también puedes tú. No permitas que tus pensamientos te bloqueen. Determínate a alcanzar tus objetivos. Oriéntate a resolver los problemas, alcanzar logros y multiplicarlos.

Recuerda:

Tu actitud determinará tu éxito o tu fracaso.
Tu actitud hará que tus sueños vivan o mueran.
Tu actitud acercará a ti a la gente importante, o la alejará.
Tu actitud impulsará o detendrá tus proyectos.
Tu actitud te sanará o te enfermará.

Todos podemos mejorar nuestra vida a través de nuestra actitud. Conserva tu energía y tu estima a lo largo del camino. No cambies de idea, no te desalientes. A medida que veas tus logros, aunque al principio sean pequeños, te sentirás motivado y liberarás todo tu potencial: descubrirás el líder que hay en ti.

2. ¿LO QUE ESTOY HACIENDO ES LO IMPORTANTE?

Es la principal pregunta que necesitas hacerte, por ejemplo, cuando ves que los demás son dueños de su vida, cuando alcanzan rápidamente sus objetivos, cuando logran lo que tanto anhelas. Es probable que esas personas también hayan atravesado momentos de angustia e inseguridad. Pero supieron despertar a tiempo, simplificar sus objetivos, renovarse, estudiar, estar abiertas al cambio de ideas y planes.

Una persona desenfocada:

- Siembra mucho y recoge poco. Trabaja mucho pero obtiene pocos resultados.
- Piensa vagamente en el futuro y en sus metas.
- Se relaciona con cualquier persona.
- Pierde tiempo.

Una persona enfocada en su objetivo:

- Se ocupa de lo primero, de lo importante.
- Da prioridad a las tareas que lo llevan al éxito.
- Se relaciona con las personas correctas, las que agregan valor a su vida.
- Se fija plazos definidos para cumplir sus metas.

Para alcanzar el éxito, tienes que identificar qué tareas te facilitarán conseguir resultados. Ya no sigas ocupándote de cosas que no te acercan a tus objetivos. Deja de hacerlo todo y céntrate en hacer solamente lo importante. Si te enfocas en sueños más grandes, crecerá tu entusiasmo por verlos realizados. No escuches a los que te digan que es imposible. Recuerda que el problema no eres tú, sino el espejo en el que te miras. Aprende a alejar de tu mente los pensamientos negativos y permanece fiel a tu sueño.

Recuerda que:

Hay personas que hacen las cosas.

Hay personas que saben por qué se hacen.

Las personas que hacen las cosas trabajan para los que saben por qué se hacen.

Por eso:

Deja de ser esclavo, deja de hacer las cosas y céntrate en aprender por qué se hacen.

Investiga, aprende de esas personas que vieron sus sueños cumplidos. Conocer sus vidas, saber qué les dio resultado, te va a inspirar para fijarte una meta y alcanzarla.

3. SIN PRISA Y SIN PAUSA

Para que las cosas sucedan, no es suficiente con soñarlas. Cuando tienes un objetivo, una meta que alcanzar, primero has de tener en claro qué esperas, para qué lo vas a utilizar y cómo. Piensa, organiza e, inmediatamente, ponte en acción. Las personas orientadas a la acción saben que cuanto más rápido se mueven, más energía tienen. Si quieres lograr tu objetivo: ¡trabaja rápido! No esperes el momento adecuado, empieza ya.

Una vez que te hayas enfocado en tu objetivo, dedica el cien por cien de tu energía a lo que hagas. No te distraigas. Una hora de trabajo a ritmo constante, sin interrupción, multiplica los resultados.

Y determínate a terminar lo que empiezas. Cuando veas concluido algo que empezaste, crecerá tu seguridad en ti mismo.

No permitas que tus emociones te gobiernen. Algunas

personas manejan su vida de acuerdo con lo que sienten: «me siento bien», «me siento mal». Un día están animadas y al siguiente ya están desanimadas, «cansadas», «estresadas». Un día avanzan y otro retroceden. El lunes obtienen el éxito y el viernes se sienten derrotados.

¿Cuál es el secreto de los que son consecuentes en su manera de pensar y actuar? Que tienen el firme propósito de ser mejores cada día, de formar una familia armoniosa, de capacitarse para alcanzar el nivel más alto en su profesión, de multiplicar sus recursos económicos. Y toman la iniciativa, la decisión de actuar. No son erráticos, no ponen excusas. Esta clase de personas se dice siempre: «Voy a avanzar», «Yo voy a por más». Creen en lo que piensan, son leales a su sueño, no se dejan arrastrar por sensaciones.

Son personas que no se conforman con estar bien donde están, quieren más, quieren sumar, quieren triunfar. Salen del lugar donde las cosas no suceden para ir adonde sí ocurrirán. Tienen la convicción de que, si el hoy es bueno, el mañana será aún mejor.

No pongas límite a tus ideas, a tu creatividad. Aprende a gobernar tu mente y a crecer. ¿Te asusta el riesgo? ¡Anímate! Llegará el momento en que rompas tu techo y dejarás de temer. La gente que obtiene resultados sabe que «quien no arriesga no gana». Asume el riesgo con inteligencia, sabiendo claramente lo que quieres y adónde vas.

4. Nadie es perfecto

Las personas que logran aquello que se proponen trabajan con más inteligencia que el común de la gente. La persona inteligente sabe que no es infalible. Por eso:

- No se fija metas demasiado altas, difíciles de alcanzar.
- No le preocupa equivocarse, porque no siente que cometer un error sea fracasar.
- No teme la desaprobación de los demás.
- No se avergüenza por no hacer las cosas perfectamente.
- No siente que aunque haga lo mejor posible no es suficiente.
- No se culpa por no ser la persona que cree que debería ser.

Muchos creen que para alcanzar sus objetivos tienen que ser muy exigentes consigo mismos y con los demás. Pero ese perfeccionismo no los acercará a su meta. Destiérralo de tu mente. Para que tu esfuerzo alcance su fruto es preciso que pienses con mentalidad de conquista, valorando lo que tienes. Distingue lo superfluo de lo importante. Y si descubres que te falta algo, no te lamentes. Determínate a aprender, a trabajar para superarte. Trabaja con inteligencia. Visualiza con claridad tu sueño y toma las riendas de tu vida.

No trates de ser el mejor en todo, sino de sobresalir en lo que mejor haces. Para alcanzar tu meta no es necesario que seas perfecto. Tienes que establecer hábitos de trabajo eficaces, hábitos que te faciliten acercarte a tu objetivo. Adquirir hábitos te da los siguientes beneficios:

- Predispone tu mente para realizar una tarea.
- Fomenta que las cosas más importantes se hagan primero.
- Aumenta la eficacia, la productividad y la calidad de tu trabajo.
- Incrementa la confianza en ti mismo.
- Alienta la mejora continua.

Para desarrollar hábitos, es útil poner en práctica estas técnicas:

Cada día ordena en tu escritorio todas las cosas que necesitas. El orden da una imagen positiva y motivadora, tanto a los demás como a ti mismo.

Tómate diez minutos para planificar. Esos minutos previos te ahorrarán horas de ejecución. Tu planificación tiene que estar disponible en una planilla, ya sea en papel o en el ordenador, para que puedas consultarla y actualizarla cada vez que sea necesario. Cuando tengas la lista preparada:

- Establece prioridades. Distingue cuáles son las tareas más importantes.
- Comienza por las prioritarias aunque no sean las que más te gustan.
- Delega las tareas que otros pueden realizar.
- Divide el día en bloques de tiempo. Asigna un bloque de 30 o 60 minutos a cada tarea.
- Identifica el momento del día en que más rindes y dedícalo a lo más importante y urgente.
- Determina los objetivos diarios, semanales y mensuales.
- Agrega las nuevas tareas a medida que aparezcan, ¡y tacha las que ya hayas realizado!

Ten presente que tan importante como desarrollar hábitos positivos es eliminar los perjudiciales. Veamos cuáles son:

- Ser informal. Ser impuntual o faltar sin aviso a las citas de trabajo.
- Posponer. Dejar pasar el tiempo en lugar de actuar en el momento.

- Sobrecargarte de trabajo. Trabajar más acelerado no significa ser más productivo.
- Ser inconstante. Empezar y no completar ninguna tarea, dejarlo todo sin terminar.

Cuando pongas en práctica los hábitos positivos y abandones los negativos, cuando pongas «manos a la obra», descubrirás todo lo que puedes hacer. No es necesario que seas perfecto. Recuerda todo lo que has hecho hasta el momento y proyéctate hacia lo que está por venir. No te ocupes de lo que no vale la pena, céntrate solo en lo importante, en lo valioso. Estás preparado para hacerlo: tu cuerpo, tu mente y tu espíritu están a tu disposición; solo tienes que utilizarlos.

4

ADELÁNTATE AL CAMBIO

1. ES TU OPORTUNIDAD

Hoy el mundo vive en un cambio acelerado y permanente. Todo avanza, todo se perfecciona a gran velocidad. Y por eso, lo mismo tiene que suceder con nosotros. Las personas que ya tienen cierta edad recuerdan la época en que iban los sábados al cine a ver las tres películas que se proyectaban «en sesión continua». Hoy tenemos la posibilidad —que por entonces habría parecido ciencia ficción— de verlas *online*, a veces antes de que se estrenen en el cine. «Mejora continua» significa que todo lo creado ya está obsoleto porque el cambio no se detiene.

Desde que tu sueño nace hasta que lo ves cumplido tienes que mejorar continuamente. No puedes estancarte, quedarte a mitad de camino. Eres como un avión: cuando despega ya no puede detenerse, tiene que elevarse. Enciende tus motores y aliméntalos con pasión. Tu pasión hará que te involucres, que te veas dentro de tu sueño hasta que el sueño y el soñador sean uno. Es lo que te diferenciará de los demás y te llevará hasta la meta.

La gente rígida fracasa. Conozco personas que quieren tener una empresa familiar como la que su abuelo fundó en 1910, cuando llegó de España. Pero como las condiciones económicas, políticas y sociales cambian, si los que gestionan no cambian la empresa que el abuelo fundó, el hijo a duras penas la mantiene y el nieto la lleva a la quiebra. En la década de 1970, ¿quién habría imaginado que una red como Internet le permitiría acceder a información del mundo entero en tiempo real? Si no nos «amigamos» con el cambio permanente, se volverá nuestro «enemigo» y nos creará problemas.

Para estar a tono con un mundo dinámico, donde todo cambia constantemente, se necesita una nueva forma de pensamiento. Tal vez estés actualizado con la tecnología, con la terminología y el equipamiento de hoy, pero lo más importante es que abras tu mente a lo nuevo. De nada sirve tener la tecnología más novedosa si sigues funcionando con ideas anticuadas, que ya no funcionan.

Antes un buen alumno, una persona que estudiaba y conseguía un título, tenía el futuro asegurado. Hoy el cambio es tan veloz y tan imprevisible que el conocimiento —que, por supuesto, sigue siendo primordial— no basta. Hay que sumarle la capacidad de adaptación frente a los cambios que se nos presentan y nos desafían.

Mucha gente se resiste al cambio, prefiere quedarse en lo seguro, en el campo de lo que ya conoce. «Si así nos va bien, ¿para qué cambiar?», es su razonamiento. Algunas personas incluso consideran que el cambio es el factor que puede robarles el trabajo, el dinero, «la tranquilidad». Y por eso se oponen. Pero el cambio es permanente e inevitable. Lo que hoy resulta innovador mañana quedará obsoleto. No se trata solo de aceptar los cambios, sino de adelantarse a ellos. ¿Llevas un negocio de éxito? Aunque no lo creas, es el momento de innovar. No tengas miedo a perder, recrea tus ideas y no permitas que otro se adelante a concretarlas. La gente de éxito no piensa solo en el aquí y el ahora, regenera sus propios éxitos. Sabe reconocer el momento en que algo pasa a ser obsoleto y proponer la novedad.

Frente al cambio, no tengas miedo. Tienes que verlo como una oportunidad de revelar y utilizar todo tu potencial, todas esas habilidades que tienes desde que naciste pero aún no has descubierto.

- El cambio es un desafío para que obtengas nuevos resultados, para que alcances nuevos logros.
- El cambio tiene el poder de sacar de ti todo lo que hay en tu interior, lo que necesitas poner en acción para convertirte en líder de tu vida y de todos tus emprendimientos.

Por supuesto, todos los cambios son viables cuando están escritos en un papel. La cuestión es ponerlos en práctica. ¿Cuál es el problema para que estas nuevas ideas funcionen? La respuesta es sencilla y compleja a la vez: las personas.

Las personas son las encargadas de transformar los cambios planteados en acciones concretas. Se necesita gente innovadora, abierta al cambio permanente, para obtener los resultados esperados. Pero la mayoría se resisten al cambio porque les crea inseguridad, miedo, incomodidad. Prefieren no asumir riesgos y seguir en la zona de confort en la que se encuentran. Si no quieres formar parte de esa mayoría conformista y eliges adelantarte al cambio, tienes que seguir estos pasos:

- Levántate temprano y planifica cada día.
- Dedica tu mejor momento a lo más importante.
- Lee tres horas diarias para mantenerte al tanto de las novedades del mundo.
- Actualiza tus conocimientos.
- Acércate a la gente de éxito.

Y recuerda: siempre estás a tiempo de cambiar.

2. EL ÉXITO ES TU TRAMPOLÍN

Si te resistes al cambio, estarás en problemas. En Japón, la mejora continua es la base de las empresas florecientes. «Nuestro éxito actual es el mejor motivo para cambiar las cosas», dice Iwao Isomura, directivo de Toyota.

Tal como demuestran las empresas prósperas, supone un gran error pensar que es hora de descansar porque ya hemos alcanzado el éxito. En primer lugar, porque la estabilidad no es un concepto válido para estos tiempos de cambio. Pensemos qué ocurre si nos colocamos en el pedestal del éxito: es fácil que puedan derribarnos. En cambio, el trampolín nos permite movernos, saltar para llegar más alto. Esto significa que hemos de cambiar cuando estemos a tiempo de hacerlo. Cuando las cosas todavía funcionan. Cuando aún podemos modificarlas.

Seguramente el cambio te generará incertidumbre, te hará sentir inseguro. Te enfrentará a esta pregunta: «¿Qué hago si no funciona?» Pero lo que hiciste, lo que lograste, ya es pasado. No te detengas en el éxito anterior. Tómate tu tiempo para comprometerte con las nuevas situaciones y los nuevos funcionamientos. El cambio tiene que establecerse primero en tu mente.

Para obtener los resultados esperados en cualquier proyecto se necesita gente innovadora, abierta al cambio permanente. Recuerda que estamos en continua evolución, que es un proceso que comienza cuando nacemos y que nosotros decidimos cuándo ponerle punto final. Siempre estás a tiempo de cambiar.

Avanza hacia los nuevos logros investigando, formándote, alimentando tu mente y tu espíritu. No vivas del éxito del pasado. Si te fue bien, tienes la posibilidad de que te vaya aún mucho mejor.

En una ocasión Albert Einstein pasó un examen a sus alumnos de Física. Al ver las preguntas, los estudiantes dijeron: «Profesor, son las mismas preguntas del año pasado.» Y él respondió: «Sí, pero las respuestas son distintas.»

3. RENUEVA TU MENTE

Si quieres superarte y superar a la competencia, cuestiona las estrategias y los métodos que utilizaste en el pasado. No te encierres en los razonamientos y creencias que has empleado hasta el momento porque de esa manera pondrás límites a tus resultados.

Si cambias de manera de pensar, cambiará tu manera de vivir. Comienza cada día con el propósito de deshacerte de prejuicios, tus pensamientos tienen que ser desafiantes, rápidos y flexibles.

Tal vez en alguna ocasión, cuando lograste algo, te preguntaste: ¿cómo no lo hice antes? En ese momento las vendas que te cegaban cayeron de tus ojos. Pudiste deshacerte de los éxitos anteriores que limitaban los de tu presente y los de tu futuro.

Un estudiante muy destacado fue a visitar a su maestro. El estudiante comenzó a hablar de todo lo que sabía. Al mismo tiempo, el maestro empezó a servir té en su taza. Siguió haciéndolo hasta que, en un momento dado, la taza se desbordó y el té cayó encima del joven.

—¿Por qué siguió sirviendo el té? —preguntó el discípulo.

—Cuando la mente se llena, le ocurre lo mismo que a esta taza de té, no queda espacio para nada nuevo. Es necesario vaciarla para llenarla otra vez.

La experiencia tiene gran valor, por eso es preciso que reconozcas la importancia de lo que hayas logrado hasta el momento. Pero si quieres afrontar los nuevos desafíos que se te presentan, tienes que valorar del mismo modo las nuevas ideas y los nuevos métodos que te conducirán al logro de tus nuevas metas. Renueva tu mente, vive en permanente estado de aprendizaje y crecimiento.

Si una persona no se renueva, si no suma lo nuevo a su manera de pensar, de trabajar y de vivir, se estanca. Y así el avance hacia la meta se hace cada vez más lento, hasta que se detiene.

Adormecer nuestra mente significa anular nuestros proyectos, nuestras metas. Para conquistar tus objetivos necesitas ser una persona en permanente estado de renovación interior.

Para que el logro de tus objetivos no te lleve toda la vida necesitas cambiar hábitos, modificar métodos y estrategias, redefinir planes. Si ante el cambio constante tú permaneces inmóvil, si no evolucionas, quedarás atrapado, inhabilitado para competir en tu propia carrera. El secreto de las personas que alcanzan sus metas es que supieron renovarse, cambiar de planes si no obtenían los resultados que necesitaban.

Son personas con sentido de mejoramiento continuo, de búsqueda, de aprendizaje, de superación.

¿Tienes el mismo sueño que el año pasado?

¿Piensas de la misma manera?

¿Sigues haciendo lo mismo, no agregaste algo nuevo?

¡Renuévate!

5

COMUNICA SABIAMENTE

1. NUESTRO MUNDO LO CONSTRUIMOS HABLANDO

Muchas veces hablamos y opinamos porque «hablar es gratis», pero no tomamos en cuenta la enorme importancia de las palabras. Nuestras palabras dirigen nuestro mundo. Si decimos «no lo vamos a lograr», nos va a ir mal. Hay palabras de perdedor y palabras de ganador. Hay palabras que abren puertas y palabras que nos las cierran. Por eso es necesario aprender a hablar positivamente, con poder.

Tal vez conozcas esta fábula de Esopo sobre la importancia de «abrir la boca»:

En una ocasión, un asno encontró una piel de león.
El asno se cubrió con la piel y empezó a pavonearse, asustando mucho a los animales. Pronto llegó una zorra, a la que también trató de asustar. Pero la zorra al escuchar la voz del asno dijo: «Si quieres asustarme tendrás que disfrazar también tu rebuzno.»

Moraleja: la ropa puede ocultar a un asno, pero sus palabras lo delatan.

Es decir, una persona poco inteligente puede pasar desapercibida hasta que habla, pues en ese momento queda desenmascarada.

2. PALABRAS MOTIVADORAS

Sabemos que la palabra es el medio de comunicación por excelencia, el que caracteriza y distingue a los seres humanos. Las palabras tienen el poder de crear una atmósfera emocional. Sepamos entonces cuáles son las palabras motivadoras, las que hay que usar porque construyen.

- **Palabras amables.** Un rabino extraordinario llamado Telsuquim escribió un libro sobre el poder de las palabras. En su libro analiza todas las palabras que aparecen en la Biblia, en el Antiguo Testamento. Él dice que hay cuatro frases muy importantes que todos tenemos que practicar: «Gracias», «Te amo», «¿Cómo estás?» y «¿Qué necesitas?». Si todos los días dijéramos estas frases tendríamos grandes cambios.

- **Palabras que piden.** «¿Te puedo pedir algo?», «¿Podemos hablar ahora?», «Por favor», «¿Me permites?». Al usar estas frases estás pidiendo permiso, estás respetando la capacidad de decisión del otro, lo estás valorando. Otra palabra positiva es «cuéntame». Pidamos a la otra persona que nos cuente qué le ha pasado, demostremos que nos interesan sus vivencias.

- **Palabras que unen.** «Nosotros» es una palabra poderosa. Es distinto decir «Nosotros tenemos que...» que decir «Vosotros tenéis que...». «Juntos» también es una palabra que une muy eficaz. Es mejor decir: «¿Cómo podríamos resolver esto juntos?» que decir «Tenéis que solucionar esto». Por ejemplo, tanto en el trabajo como en la pareja se ve la tendencia de culpar al otro: «Tú tienes la culpa.» Sería más beneficioso decir: «¿Cómo podríamos resolver este problema?»

- **Palabras que preguntan.** Hay preguntas que tienen un poder extraordinario. Por ejemplo, «¿Cómo lo ves?», «¿No sería mejor si...?», «Me dijeron que..., ¿es verdad?». Con esta clase de preguntas permitimos que la persona se exprese, sirven para poner una pausa a las emociones y abrir el juego al diálogo. «¿Qué estás pensando?» es otra pregunta en la que expresamos interés por el otro y lo invitamos a hablar.

- **Palabras que animan.** Palabras como «extraordinario», «maravilloso» y «genial» son expresiones bellas que tienen potencia, liberan emociones positivas. ¿Por qué cuando uno se enfada dice una mala palabra o un insulto? Porque el insulto libera en una palabra una enorme cantidad de emoción, aunque en este caso no sea positiva. «Muy bueno», «magnífico», «¡qué interesante!» son palabras que animan. En la actualidad, cuando hay tanto insulto y maltrato, necesitamos cambiar ese clima más que nunca.
Otra frase extraordinaria es «A partir de ahora». Tiene un enorme poder. Si a una persona se le marca un error y punto, se siente frustrada porque el error ya lo

cometió y no puede hacer nada para enmendarlo. Pero si se le dice «Quiero pedirte una cosa: a partir de ahora...», se le está dando la posibilidad de corregir en el futuro.

- **Palabras sencillas.** ¿Qué sucede cuando hablamos y no nos entienden? Las personas se frustran, se enfadan por no entender. En cambio, cuando hablamos con palabras fáciles, las personas entienden y se sienten bien por eso. Además, logramos lo más importante: comunicarnos.

  Una de las palabras más sencillas que podemos usar es el nombre de la persona que tenemos enfrente. A todos nos gusta que mencionen nuestro nombre. Hacernos sentir invisibles es lo peor que nos puede pasar. Recordemos que lo contrario al amor no es el odio, sino la indiferencia.

  Cuando un músico virtuoso toca un instrumento, parece muy fácil. Sin embargo, cuando intentamos hacerlo nosotros, nos damos cuenta de la dificultad que entraña. Es fácil para el músico porque es experto. Así, un líder que habla de forma sencilla demuestra que es una persona experta.

Hasta aquí hemos visto qué palabras tienen poder de motivar porque crean atmósferas favorables. Sin embargo, también hay palabras que conviene evitar porque son desmotivadoras. ¿Cuáles son? Sigo aquí algunas ideas de Sam Horn. Veamos:

- **Palabras imperativas.** Cuando alguien nos da una orden, nos exige, nos dice lo que «debemos» hacer, sentimos que nos están robando la libertad. Podemos tolerar ese tono demandante, pero no nos gusta. Y el resultado es que a menudo no hacemos lo que nos exigen.

- **Palabras absolutistas.** Son palabras que cierran puertas. Por ejemplo, «nunca/siempre», «nadie/todos»: «Todo me va mal», «Nunca me respetan», «Nadie me aprecia». Si a una persona le preguntan: «¿Desde cuándo te sientes deprimido?» y contesta: «Desde siempre», en lugar de acercar al que se interesa por ella, lo alejará.

- **Palabras que dividen.** Palabras que rompen vínculos, negociaciones, proyectos. No es lo mismo decir: «¿Cómo hacemos este trabajo?» que «¿Cómo hacéis vosotros este trabajo?». Al decir «vosotros» ya nos hemos puesto aparte, el trabajo no es «nuestro».
  «Lástima que» es una expresión que divide porque desvaloriza: «Ha estado muy bien la clase, lástima que...»
  También evitemos decir: «No estoy de acuerdo, pero lo respeto.» Es una frase que divide. No necesitamos descalificar al otro para validarnos a nosotros mismos. Lo que necesitamos es decir lo que pensamos y aclarar que lo decimos porque sumaría algo importante. Es también oportuno responder a lo que menciona la otra persona con palabras como «exacto» o «claro», y luego expresar lo que uno piensa. Esta clase de palabras abren el diálogo.

- **Palabras que etiquetan:** Hay jefes que dicen de un empleado: «Es un incompetente.» Hay padres que sentencian: «Eres un vago.» Esos comentarios negativos generan distancia y no predisponen al acusado a sacar lo mejor de sí.

- **Palabras que acusan.** «Lo has hecho a propósito», «Me has engañado». Estas frases rotundas no dejan posibilidad de diálogo. Cuando afirmamos algo y ponemos un punto final a la frase, se cierra la comunicación. Si por el contrario queremos abrir la comunicación, optemos por frases que preguntan. Por ejemplo, podemos preguntar «¿Por qué lo has hecho? ¿Qué te pasó?» en lugar de afirmar «Lo hiciste a propósito».

El poder del habla es extraordinario. Pronunciemos palabras que crean un clima de motivación, de desarrollo hacia el logro de las metas.

3. TODOS SOMOS COMUNICADORES

Desde que nos levantamos hasta que nos acostamos, las personas hablamos, todos somos «comunicadores». Sin embargo, a pesar de que podemos ser «buenas personas», tal vez seamos «malos comunicadores». Del mismo modo, hay malas personas con buena capacidad de comunicación: muchos de nosotros hemos tenido experiencias de malas personas que nos han liderado usando palabras que queríamos escuchar aunque no eran las verdaderas. Y también podemos ser buenas personas con buena comunicación.

Es posible que te hayas esforzado en tu profesión o en tus estudios, pero que no sepas transmitir o comunicar. Una persona puede ser un buen abogado, médico o vendedor, pero además de estos valiosos logros todos necesitamos aprender el poder de saber comunicar.

Todos somos comunicadores, pero solo la gente que maneja la comunicación de forma efectiva alcanza el éxito.

Veamos algunos aspectos que debemos tener en cuenta para transmitir un mensaje claro y eficaz:

1. Ser breve. Todos queremos hablar. El gran error es hablar demasiado. Ser breves significa que cuando hablemos en público tenemos que transmitir solo una idea. Debemos preguntarnos: «¿Cuál es la idea que quiero transmitir? ¿Cuál es mi objetivo?»

2. Usar frases cortas y contundentes. Hay frases que nos impactan, que son contundentes, que nos dan fuerza y nos hacen pensar. Recuerdo que un gran orador que trabajaba en televisión me enseñó algunas:

«Soñar te hace indestructible.»
«Se llega a la cima en equipo.»
«La gente feliz tiene problemas.»
«Resolver un problema no te hace más feliz: te da alivio.»

¿Recuerdas frases de este tipo? Es importante que las incorporemos a nuestro hablar diario, que las pronunciemos en todo momento, no solo a nuestros colaboradores, sino también a nuestros hijos, para que desde niños oigan promesas, palabras de fe y de futuro como estas: «Tus amigos determinan la dirección de tu vida», «¡Todo lo que hagas te saldrá bien!».

3. Transmitir información importante. Si queremos tener éxito al hablar en público, tenemos que contar con información práctica e interesante para transmitir. Para eso hay que prepararse: leer, aprender, escuchar y tomar cosas que otros han dicho, encontrar información útil en lo cotidiano, algo que «enganche», que se pueda aplicar.

4. Poner pasión. Cuando hablamos, el objetivo no es impresionar a los demás. Intentar impresionar conlleva ansiedad y cuando la gente se da cuenta, uno se bloquea. Nuestro objetivo es transmitir, comunicar algo. Enfoquémonos en lo que vamos a decir. ¡El mensaje nos tiene que impresionar, ha de impactarnos a nosotros! Es importante que a nosotros nos guste lo que estamos compartiendo. Si nos entusiasmamos nosotros primero, esa pasión contagiará a los demás. Tenemos que lograr que nuestro discurso sea atractivo, interesante, por ejemplo, apelando al humor, las anécdotas personales de los demás y las propias. Eso es ponerle pasión a nuestras palabras, y esa pasión es lo que debemos transmitir cuando hablamos.

4. HABLEMOS CLARO

El 70 por ciento de los inconvenientes en el trabajo se debe a problemas de comunicación. Asimismo, un altísimo porcentaje de los problemas en la pareja, con los hijos, en las iglesias, se produce por el mismo motivo.

La calidad de la comunicación va a marcar la calidad de la relación que tengamos con nuestros hijos, nuestra pareja, nuestros compañeros de trabajo o amigos. Si la comunicación es buena, la relación es buena; por lo tanto, si queremos mejorar una relación, tenemos que mejorar la comunicación.

¿Por qué a veces los otros entienden algo distinto de lo que hemos querido decir? Analicemos tres puntos a tener en cuenta a la hora de comunicarnos con la gente.

1. La semántica. Una misma palabra puede tener distintos significados. Es decir, una palabra puede significar una cosa para una persona y otra distinta para otra persona, en muchos casos, dependiendo del contexto. Esto se denomina «semántica». Por ejemplo, si pregunto a un grupo de personas: «¿Discutir es positivo o negativo para la pareja?», muchas responderán que es positivo, porque entienden que «discutir» significa «dialogar». Otros en cambio dirán que discutir es negativo, porque entienden que ese verbo significa «pelear».

Si pregunto: «¿Tenemos que perdonar a quienes nos han hecho daño?», muchas personas dirán que no, porque para ellas «perdonar» significa «olvidar» y no quieren tener amnesia. Otras personas responderán que sí, porque consideran que «perdonar» quiere decir «desatarse».

Una niña estaba en el zoológico admirando a los leones. En un momento de descuido, un león sacó su garra entre las rejas con la intención de atraparla. Un señor que observaba la situación tomó su paraguas y golpeó al león, empujándolo hacia atrás. ¡Había salvado a la niña de una muerte segura!

Un periodista de convicciones antirreligiosas publicó luego esta entrevista al héroe de la historia:

—¿Cómo se atrevió a sacar a la niña de las garras del león con un paraguas?

—Es que yo soy creyente —respondió el hombre—. Cuando vi que el león intentaba atrapar a la niña, recé a Dios para que me dijera qué hacer. El Señor me dijo que

usara mi paraguas como Moisés se sirvió de su vara. Entonces le pegué al león en la cabeza.

El periodista, que odiaba a los religiosos, escribió en su artículo: «Fundamentalista de ultraderecha agrede a inmigrante africano privándolo de alimento.»

2. La pragmática. No solo el contexto de cada palabra, sino también el contexto de cada oración, de cada frase, puede determinar un sentido particular. En lingüística esto se llama «pragmática».

3. El sobreentendido. Muchas veces cuando hablamos damos por sobreentendido lo que queremos decir. Por ejemplo, si le preguntas a alguien: «¿Tienes hora?», y la persona responde simplemente «Sí», inmediatamente vas a pensar que te está gastando una broma y hasta podrías molestarte y exclamar: «¡Entonces dime qué hora es!» Pero en realidad la persona habría contestado a tu pregunta. Solemos decir: «¿Tienes hora?», en vez de preguntar «¿Me dices la hora, por favor?»

Entonces, ¿qué hacer para tener una buena comunicación?

- **Prepararnos para hablar.** Pensemos bien qué palabras vamos a usar para no tener problemas de significados, de contexto, de sobreentendidos.

- **Aprender a preguntar.** Si alguien te dice algo y no te queda claro qué quiso decirte, hay que preguntar: «A ver, ¿te he entendido bien...? ¿Me estás pidiendo tal cosa?»

Toda persona tiene una frecuencia de comunicación. Si aprendemos a conectar con la frecuencia de cada uno, vamos a lograr el maravilloso poder de la comunicación.

6

TRABAJA EN EQUIPO

1. Transmite tu visión

Sin visión no sabemos hacia dónde vamos, ni para qué. Sin visión caminamos en círculos. Sucede entre países como en el ámbito de la familia y los equipos de trabajo. La visión es un imán que atrae a otros y une personas. Por eso, sepamos transmitir, dar a conocer nuestra visión. Hay una visión en el liderazgo que es unifocal. Es la visión donde solo el líder ve y los demás siguen ciegamente sus órdenes. Hay también una visión multifocal, es decir, con muchos focos. Significa que la persona que lidera no se pone delante del sueño, tapándolo. Se sitúa a un lado y muestra el sueño a los demás. Esa visión nos tiene que unir a todos. Organiza el equipo para poder lograrlo.

Seamos transmisores apasionados de nuestra visión. Este es nuestro desafío, que la gente comprenda hacia dónde estamos yendo. Cuando el otro puede conectar con nuestro proyecto, se sumará a él. Seamos personas motivadoras, demos energía, pasión, planteemos desafíos, nuevas metas, nuevos sueños, contagiemos al otro de la pasión que hay en nuestro interior.

- ¿Qué te apasiona?
- ¿Qué te entusiasma?
- ¿Qué proyecto guardaste en la mesita de noche?
- ¿Qué es lo más importante que quieres alcanzar?
- ¿Cuáles son tus sueños, cómo puedes descubrirlos?

Myles Monroe dice: «La voluntad de Dios está escondida en lo que te apasiona.»

Para saber qué te apasiona, solo tienes que mirar tu propio corazón. Y para ayudar a los demás a descubrir lo que los apasiona, has de enseñarles a mirar de nuevo su corazón.

2. Deja tu huella

Todos tenemos potencial, pero no todos sabemos cómo hacerlo surgir y crecer. Todos tenemos recursos, pero no todos lo sabemos. Seamos pacientes y ayudemos a que los demás puedan adquirir confianza y seguridad en sí mismos. Así descubrirán sus fortalezas escondidas y dirán: «Tengo una caja de recursos que no sabía que tenía.»

Para liderar nuestra vida y conducir efectivamente a otros —en nuestro trabajo, en la familia, en nuestra comunidad— necesitamos tener recursos. El recurso más importante de que disponemos es nuestra energía, la de cada uno y la del grupo, y necesitamos saber cómo la pondremos en marcha y cómo la administraremos.

Para poder desarrollar el potencial de la gente, primero tenemos que saber que —como dice el doctor Samuel

Chand— en todos los grupos humanos encontramos diferentes tipos de personas:

- **El nómada.** Es ese 10 por ciento que no comprende nuestra visión, nuestra meta, el propósito que seguimos, ni lo hará por más que nos esforcemos una y otra vez. Dirá que sí y luego se irá al lugar que le resulte más cómodo. Este tipo de personas inconstantes no debe desanimarnos.
- **El seguidor.** Es aquel que entiende la visión pero necesita motivación. Este grupo lo conforma el 85 por ciento de las personas. Con ellos es indispensable que nos transformemos en líderes motivadores, porque si no lo hacemos esta gente se irá. Y la motivación es un abrazo, una llamada, un mail, un mensaje de texto, un «¿Cómo estás?», «Te espero en la reunión», «Sentémonos juntos», etc.
- **El hacedor.** Es el 5 o 10 por ciento de la gente que entiende la visión y no necesita motivación. Es el soldado. No precisa que lo llamemos o que lo motivemos. Ya tiene un piloto automático que lo lleva siempre hacia delante.

Cuanto mayor sea tu influencia, tu liderazgo, más grande será tu responsabilidad hacia tu equipo. El premio del buen trabajo será más trabajo. Más gente, más actividades, etc. Cada vez estarás sometido a más presión y tendrás que manejarla con eficacia, inteligencia y una actitud sana, teniendo siempre presente que liderazgo no es mandar sino servir.

Transmitamos nuestros conocimientos, nuestras experiencias. Acompañemos a nuestro equipo para superar situaciones de crisis mostrando confianza en ellos, brindándoles nuestro apoyo.

Tu éxito no solo se medirá por los objetivos que alcances, sino por la huella que dejes en tu equipo. ¿Las personas que están contigo quieren ser como tú? ¿Les gustaría tener tu misma alegría, tu vitalidad, la fuerza, tu energía, tu confianza y tu fe para seguir siempre, en todo momento, en las buenas y en las malas? Trabaja para dejar buenas huellas, las mejores huellas.

3. MODELA TU LIDERAZGO

Algunas personas confunden la función del líder. Abusan de su posición maltratando, hiriendo y descalificando a los demás. O se envanecen desde el momento en que tienen gente a su cargo, se creen perfectos. Según sea su actitud, establecen distintos modelos de liderazgo:

- *Radial*

El nombre de este modelo obedece a que todos los integrantes del grupo son como los radios de una rueda de bicicleta, que van hacia el centro, es decir, hacia el líder. También se lo conoce como Modelo centrado en el «rey». Veamos las características de una persona que pone en práctica este modelo:

- No confía. No permite que el grupo se aglutine. Cualquier muestra de compañerismo, por ejemplo, «Vamos a comer pizza», lo vive como un paso previo al «golpe de estado», lo considera una conspiración. Su inseguridad le lleva a creer que se están confabulando contra él. Por eso es común que interrogue: ¿adónde fuiste?, ¿qué hiciste?, etc.

- No delega. «Pregúntamelo a mí antes de hacerlo» es su frase habitual. Siempre está a la defensiva, todo tiene que pasar por él, no da poder a otros, no alienta la autonomía.

- Genera tensión en el grupo. Al tener información de todos, le lleva a A la información de B y «permite» que B ataque a A, y luego pone a C en contra de B. Este tipo de persona no lo hace para manipular, como el psicópata, sino para disminuir su sensación de amenaza. El psicópata disfruta con la adrenalina, él la padece.

Las personas que aplican el modelo radial son paranoicas. Viven con el temor inconsciente de ser perjudicados. En todo ven una amenaza. Siempre piensan que algo malo sucederá, que los demás las quieren perjudicar. Si no encuentran el lápiz de su escritorio, enseguida se dicen «alguien se lo llevó».

Ser desconfiado es útil y funcional cuando la situación así lo requiere. Por ejemplo: si voy caminando de madrugada por una calle oscura y dos personas me siguen, es razonable que lo considere una amenaza, que se active en mí una señal de alarma, de peligro.

Pero el paranoico desconfía de sus amigos, de sus compañeros de trabajo, de sus colaboradores inmediatos. Y por eso no puede estructurar un equipo: porque esas interacciones potencian su sensación de amenaza.

¿Cómo se reflejan estas actitudes en el equipo?

- Todos tienen que dar cuenta de su trabajo al jefe: nadie puede hacer nada sin su permiso, nada se cierra si él no da el visto bueno.

- Todos demandan la atención y la aprobación del jefe.

- Todos quieren estar cerca del jefe y pelean para ganar el «amor» del rey para así situarse mejor dentro del grupo.

Cuando la gente empieza a ver que el malestar del grupo crece y algunos descubren que tiene que ver con el líder, el proyecto pierde dinamismo.

En primer lugar, porque al no haber delegación de poder, cuando cada decisión por mínima que sea debe ser aprobada por el jefe, todo se hace más lento. En segundo lugar, porque los integrantes del grupo se convierten en rivales y los que no acceden a los lugares más cercanos al líder se sienten excluidos. Como consecuencia, abandonan el equipo y, dado que el modelo radial no favorece la incorporación de gente nueva, el proyecto termina desapareciendo.

– *Piramidal*

Es un modelo que delega autoridad: todos pueden tenerla. Un buen ejemplo es nuestro sistema nervioso, que delega en el sistema nervioso autónomo la coordinación de funciones automáticas como respirar.

Este modelo se basa en la confianza. Cualquier relación que establecemos, tanto sea en la pareja, entre amigos o entre pares en el trabajo, cada persona espera algo de la otra. Es decir, hay entre ellas un contrato. Puede haber un contrato formal, un papel donde se diga qué se espera de cada parte, que ambas firman en señal de que se disponen a cumplirlo. Pero más allá de la formalidad, si una de las personas tiene expectativas no expresadas, habrá conflicto, porque esperará que la otra persona haga cosas que da por sobreentendidas y, si el otro no las «adivina», se sentirá defraudada.

Por eso, para establecer un vínculo en el que las personas puedan confiar sanamente, hay que hablar claro y expresar nuestras expectativas. Por ejemplo, si nuestro objetivo es vender cien coches, tenemos que decir claramente a nuestros vendedores en qué plazo tienen que lograrlo. Si no lo hacemos, cada uno se pondrá sus propios tiempos creyendo que hace lo mejor, y si esos tiempos no coinciden con los que nosotros nos fijamos, sin transmitirlo, no entenderá por qué podemos sentirnos defraudados.

Comencemos con lo básico, no demos por sentado que la gente sabe cosas. Hay muchas cosas que la gente no sabe, no demos por sentado un tema hasta que lo hayamos comprobado. Preguntemos, investiguemos y enseñemos incluso las cosas más simples, las que se dan por sentado que el equipo debe saber. Formemos gente independiente. Demos permiso para triunfar. La gente necesita oír de nuestra boca que creemos en ellos. Menciona qué cosas están haciendo bien, valida a tu gente en público: «¡Qué bien lo has hecho!», o en privado, por ejemplo, con una nota alentadora. El liderazgo es hablar el lenguaje, el código, de la gente; es amarla, es comprenderla.

El objetivo del líder no es retener al otro, sino ayudarlo y motivarlo a crecer para que él también pueda ser un líder de excelencia. Solo cuando no tengo miedo de que el otro crezca más que yo puedo cuidar de los demás y formarlos para que sean líderes. Es entonces cuando mi liderazgo no tiene límites.

7

EMPIEZA A DELEGAR

1. ¡NO TENGO CUATRO MANOS!

Si queremos avanzar, crecer cada día, necesitamos multiplicarnos. Tenemos que expandir nuestro círculo, porque si no abrimos el juego llegaremos a nuestro «techo» y ahí nos detendremos. Cuando la mente y el cuerpo llegan al punto de ineficiencia no pueden realizar los sueños del espíritu. Antes de que esto ocurra, una persona segura de su potencial sabe que debe delegar.

En tu negocio, en tu casa, con tus hijos, en tu matrimonio, es necesario que dejes de excusarte en que «el otro no lo hace». Puede ser cierto, pero en realidad hay un motivo más profundo: no se le generó el deseo porque siempre lo hace otro en su lugar. Es decir, que el primer objetivo es generar ese deseo para después poder delegar.

No es posible estar en todos los lugares al mismo tiempo. Sí es posible trabajar en equipo para alcanzar una meta. Delegar es poner en otros lo que tenemos, es expansión. Para avanzar y crecer cada día tenemos que expandir nuestro círculo sumando a nuestro equipo personas en quienes podamos delegar tareas.

2. CONFIANZA INTELIGENTE

A la hora de delegar, hay un elemento indispensable: la confianza. En toda relación —social, laboral, familiar— la confianza es fundamental para conectarnos con el otro. Es necesaria tanto para formar una pareja como para fundar un club o crear una sociedad comercial. La confianza es un poder que impulsa todo lo que emprendemos. Por ejemplo, si tenemos una óptica, necesitamos que el público confíe en la calidad de las gafas que vendemos. Si eso sucede, las ventas irán en aumento y generarán más dinero, que a su vez nos permitirá ampliar el negocio: habrá movimiento, inversiones, relaciones sanas y duraderas. La desconfianza, en cambio, nos hará perder clientes y ocurrirá todo lo contrario.

Si en cualquier tipo de relación alguna de las partes no confía, esa desconfianza se alzará como un obstáculo para el éxito, todo se vuelve más lento y dificultoso.

Si bien se necesitan años para construir la confianza, un minuto puede bastar para destruirla. Una mentira, una traición, hace desaparecer ese «pegamento emocional» que une a las personas vinculadas por una confianza mutua. Y cuando una persona pierde su confianza queda herida, lastimada, siente un profundo dolor. ¿Qué pasa entonces? Que esa persona se vuelve desconfiada, empieza a sospechar de todo. Siempre hay un mensaje oculto que desentrañar, detrás de cada ser humano se esconde una motivación para hacerle daño. Se convierte en lo que en psicología se llama un paranoico.

En el otro extremo, hay gente tan crédula que se relaciona con los demás sin tomar ninguna precaución. Pero a la hora de delegar, de confiar a alguien una tarea, debemos tener presente que en los grupos encontraremos diferentes tipos de personas:

a. *Los colaboradores natos.* Aquellos en quienes podemos delegar sabiendo que han comprendido la visión, que suman, que hacen crecer al grupo procurando que cada uno se sienta parte del equipo.

b. *Los falsos colaboradores.* En realidad son «pelotas». Aíslan al líder de los demás. Buscan estar a su lado para conseguir poder y no le permiten al resto del equipo tener acceso a él. No dejan espacio al otro. Este comportamiento hace que se pierda la sinergia del grupo. Por eso es necesario observarlos y procurar que no nos aíslen del resto del grupo.

c. *Los no colaboradores.* Dentro de este grupo tenemos:
   – Los opositores: ¿qué tenemos que hacer con ellos? Permitirles que se expresen y acotarlos al objetivo del grupo.
   – Los neutros: no colaboran ni se oponen, solo «miran» a ver dónde se ubicarán.

Para que podamos delegar en otra persona, es decir, para que podamos depositar en esa persona una confianza inteligente, antes hemos de identificar en ella tres actitudes fundamentales:

1. *Transparencia.* Para ser transparente hace falta tener carácter, ser como uno es en cualquier ámbito. Es decir: ser íntegro. La integridad significa moverse por la verdad, un valor que siempre activa confianza. Cuan-

do una persona pone las cartas sobre la mesa, cuando no tiene intenciones ocultas, inspira confianza.

2. *Capacidad.* La gente que se capacita, que busca superarse cada día, genera confianza. Si nuestro ordenador no funciona, no servirá que lo desmontemos para tratar de arreglarlo. Es necesario que lo haga un especialista, un técnico que tenga los conocimientos necesarios. Cuando alguien demuestra que es competente, activa en los demás la confianza.

3. *«Química».* Decir la verdad es lo mejor que podemos hacer. Sin embargo, también es importante cómo la decimos. Las personas que dicen las cosas con una actitud positiva tienen «química» con los demás, logran transmitir sus ideas de tal forma que el otro pueda captarla, saben cuándo hablar y cuándo callar para tener una buena relación con los demás.

El carácter, sumado a la capacidad y a la buena actitud para llevarse bien con los demás, son características indispensables para ser una persona que despierta confianza. Y esta clase de persona logra desarrollar con éxito sus relaciones y sus emprendimientos.

¿Por qué algunos líderes no delegan?

1. *Porque son personas inseguras.* Temen que otros se apropien de lo que les pertenece. No se dan cuenta de que esta actitud ocasiona un gran daño. En primer lugar a ellos mismos, porque no van a crecer, y en segundo lugar al equipo, porque será un obstáculo para el éxito. Y como es de esperar, generarán frustración de forma que la gente terminará abandonando el proyecto. Cuando una persona es segura no

tiene miedo de dar, porque sabe que cuanto más da, más recibirá. La gente de éxito aplica este principio.

2. *Porque no quieren perder el protagonismo.* Sienten que al dar poder a otro están perdiendo su lugar de «empoderamiento». Necesitan sentir que «el proyecto es mío al cien por cien», «yo lo hice». Su narcisismo no les permite delegar. El crédito total debe ser suyo. El gran problema es que, al no poder delegar, el proyecto se demora y se traba.

3. *Porque se sienten incapaces.* Y no quieren que los otros se percaten de ello. Viven como una debilidad el hecho de pedir ayuda. Su baja estima les dice: «Él puede hacerlo mejor que yo.» Para ellos, delegar equivale a rendirse. No pueden reconocer que les faltan conocimientos sobre algún tema, tratan de abarcarlo todo sin ver que quizás otra persona tiene las condiciones ideales para llevar a cabo alguna tarea en especial.

Delegar es señal de buena estima, saber pedir ayuda la fortalece. Es una señal de crecimiento: yo hago una tarea que mañana ya no llevaré a cabo. Y es una señal de que tenemos la capacidad de desatar el potencial en otro.

3. DELEGO Y SUPERVISO

Es fundamental tener siempre en claro que *se delega la tarea, pero nunca se pierde la responsabilidad.*

Sin embargo, esto no significa delegar y al mismo tiempo ocupar el espacio. Es preciso estar al comienzo y al final, pero nunca en el proceso que ya hemos delegado. No intervenir, sino supervisar, ir viendo el nivel de responsabilidad que van asumiendo las personas a las que les encargamos la tarea.

¿Qué sucede si un líder delega como una máquina? Es lo contrario de delegar con responsabilidad. Quienes le rodean se dan cuenta de que se quiere sacar las cosas de encima. Si no lo hace genuinamente para que sus colaboradores liberen su potencial, ellos lo van a notar, y eso hará que frustren la tarea y se frustren ellos mismos.

Para delegar con responsabilidad, en primer lugar tenemos que comunicar de manera expresa a cada miembro del equipo cuál es su tarea específica y qué tienen que lograr. También debemos decirles claramente cuáles son los plazos, no se trata de que lo hagan «cuando puedan». Y hacerlos responsables de esa parte específica. Un error frecuente es asignar a dos personas la misma tarea. Tal vez se logre el objetivo, pero en el proceso las personas «se matan».

En el momento de delegar busquemos al mejor, al más indicado. No lo hagamos para que alguien «se sienta útil» ni «para engancharlo», porque si la persona no está preparada se va a frustrar y la tarea quedará sin hacer o mal hecha.

Organicemos reuniones para revisar la evolución del proyecto, tanto en grupo como individuales, con cada integrante por separado, que permiten incluir el aspecto afectivo. Esos encuentros nos darán la oportunidad de entrenar al grupo, así como darle material e información para que cada persona y el equipo en su conjunto pueda seguir creciendo y perfeccionándose. Alentemos la tarea del grupo y la de cada uno, y con cada paso bien cumplido reconozcamos el mérito de la persona que lo merece.

4. ¿QUÉ PUEDO DELEGAR?

Siempre habrá cosas que yo puedo hacer y otros también pueden hacer. Cosas que yo no puedo hacer y otros sí. Cosas que puedo hacer pero que en este momento son secundarias. Y hay solo un 5 por ciento que nadie más que yo podría hacer: *en eso he de centrarme*.

No puedo delegar la visión de mi proyecto, de mi empresa. Sí puedo delegar en gerentes, jefes o supervisores las tareas necesarias para concretarlo. De esa manera también les doy la oportunidad de crecer y desarrollar todo su potencial.

El éxito de nuestro proyecto dependerá de la capacidad de ver lo que queremos alcanzar y de poner en marcha el concepto de administración para obtener los resultados que esperamos. *Y esto implica delegar consciente y responsablemente*. Si no lo hacemos, sea cual fuere el motivo, no estaremos administrando adecuadamente las metas ni los recursos y el resultado será frustración, desánimo y fracaso.

Si, en cambio, podemos incorporar al equipo a colaboradores, profesionales, personas que se han tomado el proyecto como suyo, que caminan hacia el mismo objetivo, hacia el mismo sueño, estaremos ampliando nuestros límites cada vez más y más. Estaremos mirando hacia delante, hacia el futuro.

Si delegamos a tiempo, evitaremos caer enfermos, agotarnos y estresarnos. Si la otra persona está comprometida sumará más gente al proyecto y será una nueva red de conexiones. Al delegar podremos enfocarnos en nuevos objetivos, nuevos proyectos, nuevas prioridades, y el rendimiento y los resultados serán mucho mayores. Delegar es un requisito fundamental para lograr el éxito.

8

ADMINISTRA LOS TIEMPOS

1. EL TIEMPO NO ES UN TIRANO

El tiempo no se detiene y, a diferencia del dinero, una vez que se va, no vuelve. Cada día disponemos de ochenta y seis mil cuatrocientos segundos para utilizarlos. No podemos guardar una hora para gastarla la semana que viene. Una cualidad importante de las personas de éxito, las que pueden liderar con eficacia, es la forma en que administran el tiempo que Dios nos da a todos por igual, ya que de acuerdo a ello lograrán resultados.

Tanto en nuestra vida laboral, cuando nos toca liderar un grupo de trabajo, como en nuestra vida personal, cuando nos corresponde asumir una posición de liderazgo en la familia o en una organización social, cultural, religiosa, etc., estos tres consejos serán de gran ayuda para administrar el tiempo cronológico y no dejar pasar las oportunidades:

1. **Hacerlo ahora.** Cuando alguien te pida algo, hazlo en el momento, no lo postergues para más adelante.

Todos vivimos en una cultura de burocracia cuyo pilar es la postergación, y eso lo terminamos aplicando en nuestra vida cotidiana. Decimos: «Mañana te llamo», «La semana que viene te contesto», «Más tarde escribo el informe». Lo que tengas que hacer, hazlo rápido y sencillo.

2. **Priorizar.** Lo primero que lleva a cabo la gente de éxito al comenzar la jornada es confeccionar una lista de todas las actividades que van a realizar a lo largo de ese día. Luego establecen cuáles son prioridad y, a medida que las van completando, las tachan de la lista.

3. **Poner el corazón en todo lo que se haga.** Si vas a comer, ver televisión o trabajar, es fundamental que lo hagas con ganas, poniendo pasión en ello para capturar ese momento. Recuerda que no hay nada más hermoso que compartir tus experiencias con otro a medida que vayas creciendo. Por ejemplo, si durante cuarenta años tuviste una verdulería, busca jóvenes que quieran abrir su primera verdulería y enséñales cómo se hace, porque al compartir experimentamos, disfrutamos y capturamos el tiempo.

Las personas de éxito llevan reloj, son conscientes del tiempo y lo valoran. Cuando se ponen un objetivo, van hacia él sin distraerse, porque saben que el tiempo es importante. Podemos predecir el éxito de cualquier persona, de cualquier líder y de un equipo de trabajo analizando cómo administra su tiempo y la calidad de trabajo que depositan en él.

Para conocer el valor de un año, pregúntale a un estudiante que ha suspendido el examen final.

Para conocer el valor de un mes, pregúntale a una madre que ha dado a luz a un bebé prematuro.

Para conocer el valor de una semana, pregúntale al editor de una revista semanal.

Para conocer el valor de una hora, pregúntales a dos personas que se aman y están esperando encontrarse.

Para conocer el valor de un minuto, pregúntale a la persona que ha perdido el tren.

Para conocer el valor de un segundo, pregúntale al deportista que ha ganado una medalla en los Juegos Olímpicos.

2. ¡NO TENGO TIEMPO!

Además del tiempo cronológico y el de oportunidades, tenemos también un *tiempo interno*. Este tiempo es subjetivo, es decir, cada uno lo vive de una manera distinta. Por ejemplo, cuando eras niño, entre la infancia y la adolescencia, el tiempo era eterno, querías ser mayor y el mañana parecía no llegar nunca. Ahora, de adulto, quizá pagarías lo que fuera para volver atrás, porque te das cuenta de que el tiempo cada vez pasa más rápido y empiezas a tomar conciencia de la muerte y de su creciente cercanía. Cada uno vive el tiempo de una manera diferente. Por ejemplo, a una persona ansiosa le parece que el tiempo transcurre demasiado rápido, mientras que alguien depresivo cree que el tiempo no pasa nunca.

Las experiencias dolorosas siempre se graban en la mente como más lentas, con más detalles, dado que para sobrellevarlas se necesita activar toda la energía posible. Por ese motivo, las experiencias negativas, como estar cansado, tener fiebre o incluso estar aburrido, parecen durar una eternidad.

Por otra parte, cuando las experiencias salen de lo común la mente las percibe como si pasaran más rápido. Debido a ello, las cosas divertidas como ver una película o hacer alguna actividad que salga de la rutina quedan grabadas por la memoria con más dinamismo y, aun siendo de extensa duración, dan la sensación de que suceden con rapidez.

Tanto cuando somos responsables de organizar nuestro propio tiempo como cuando nos corresponde estructurar el tiempo del grupo que lideramos, es necesario que tengamos en cuenta el tiempo interno, que es distinto para cada persona. Cada uno experimenta el tiempo de motivación de forma diferente, así como el tiempo en el que se obtienen los resultados. Por eso, cuando se trata de articular un equipo, es conveniente que la mayoría se halle en un mismo nivel, para que nadie quede rezagado en la carrera por alcanzar la meta. En ocasiones es posible esperar a un integrante más lento. Otras veces las prisas y la urgencia de la entrega no lo permiten. La estructuración del equipo de trabajo requiere sabiduría a fin de optimizar los resultados.

También como padres, al liderar nuestra familia, tenemos que medir la presión que ejercemos sobre nuestros hijos en relación al tiempo que les lleva lograr un objetivo, para que no se sientan frustrados.

¿Cómo manejar los tiempos internos?

- **Establecer nuestro orden interno**
  Cada uno de nosotros tiene una lógica de administración del tiempo, pero a muchas personas les cuesta tomar decisiones al respecto. Con frecuencia se oyen estas quejas:
  «¡No sé cómo organizarme!»
  «Pierdo el tiempo en tonterías.»

«A mí se me pasa toda la mañana y, no sé, pero no hago nada.»

Algunas personas evitan decidir porque eso implica un compromiso que no quieren asumir. Les cuesta comprometerse y adoptar una disciplina de trabajo, así que simplemente fluyen, se dejan llevar. De tal forma, de tontería en tontería se les puede ir toda la vida, porque no crean un orden interno para entrar en acción en el presente en pos de sus objetivos, sueños y proyectos.

- **Disfrutar del trabajo y el descanso**
  «No disfruto del tiempo de ocio.»
  Hay personas que solo se sienten satisfechas cuando están ocupadas. Otras, creyendo que el trabajo es sinónimo de sacrificio, confunden descanso con haraganería. Si una tarea les resulta sencilla o les causa placer, para ellos no es trabajo, cuando debería ocurrir lo contrario, porque llevar a cabo el trabajo con placer es un gran estímulo para hacerlo bien.

- **Poner límites**
  «No tengo tiempo.»
  Las personas que se quejan de que nunca les alcanza el tiempo suelen tener un problema de organización. Pero esa falta de tiempo también puede deberse a que no se ponen límites a sí mismas o a los demás. De esa manera se sobrecargan de tareas que podrían delegar y que les impiden realizar con efectividad aquellas que los conducen a sus metas.

- **Descubrir qué nos apasiona**
  «Me sobra el tiempo.»

Esta frase es característica de quienes carecen de sueños o proyectos para desarrollar. Nadie debería sentirse mal por tener tiempo de sobra, al contrario, el problema podría ser andar cortos de tiempo, pero no que este nos sobre. El tiempo «de sobra» siempre puede ser bien utilizado.

«Estoy haciendo menos cosas de las que tendría que hacer.»

Esta frase es típica de quienes no tienen iniciativa para hacer cosas porque no pueden identificar qué es lo que realmente desean hacer.

En ambos casos, se trata de descubrir qué nos apasiona. Cuando lo hacemos, enseguida surge el entusiasmo por usar provechosamente el tiempo y así ir en pos de nuestros sueños.

Miguel Ángel era arquitecto, escultor, pintor y además escribía poesía. Guiado por su pasión, administraba su tiempo y de esa manera podía hacer todas esas cosas a la vez.

• **Decir no a la ansiedad**

«El tiempo pasa volando.»

La velocidad con que transcurre el tiempo es subjetiva. Para algunas personas el tiempo pasa demasiado rápido, mientras que para otras todo tarda una eternidad. En este caso el nivel de ansiedad y el estrés adquieren un papel preponderante. Por eso, es necesario «bajar una marcha» a fin de identificar nuestras metas y los pasos necesarios para alcanzarlas.

3. NUESTRA RELACIÓN CON EL PASADO, EL PRESENTE Y EL FUTURO

La cultura intenta condicionar nuestra relación con el tiempo. **¿Cómo?** Por ejemplo, si a determinada edad no has logrado ciertas cosas, se te considerará mal y eso va a ser un problema. Se da por sentado que hemos de estudiar y terminar nuestra carrera a cierta edad para no ser considerado «lento». Una mujer debe casarse y tener hijos antes de los treinta para que no la llamen «solterona». Cuando las personas tienen fuertemente arraigadas las pautas culturales de lo que se esperaba de ellos, si no logran lo esperado sienten que «se les pasó el tiempo».

Para que esto no ocurra es necesario recordar que no todos maduramos al mismo ritmo y construir una solidez interna para no dejarnos avasallar por los mandatos culturales.

El pasado

Hay personas que no están a gusto con su presente y entonces viven recordando, añorando el pasado. Lo idealizan. Se convencen de que «todo tiempo pasado fue mejor».

No es malo tener recuerdos; la cuestión es no agigantarlos tanto que nos impidan seguir construyendo en el presente. Cuando una persona elige quedarse anclado en el pasado en lugar de mirar hacia delante, tal vez se deba a que le tiene miedo al paso del tiempo. Hay personas que quieren seguir viviendo en una adolescencia eterna, porque consideran que ese tiempo fue el único momento bueno en sus vidas.

Pero sepamos que:

¡Todos los momentos son buenos, porque todos son nuestros momentos!

Por ejemplo, cuando somos jóvenes nuestro don es la fuerza y durante la vejez, la experiencia, pero el crecimiento es permanente.

Por otra parte, hay personas que prefieren olvidar el pasado, cerrarlo, cancelarlo. Lo cierto es que hay que recordar el pasado al completo, porque en él está toda nuestra historia. Todo nuestro pasado nos sirve, tanto los buenos momentos vividos como los recuerdos más dolorosos nos sirven, y por eso no hemos de olvidarlos.

Hay dos formas de recordar situaciones del pasado: *afectivamente* y *racionalmente*. Respecto del pasado tenemos buenos y malos recuerdos. Los buenos momentos hay que recordarlos como valor afectivo; tenemos que recordar afectivamente las caricias, las palabras de amor, el cuidado que recibimos, porque al hacerlo traemos esa emoción positiva al presente y la revivimos, volvemos a experimentarla.

Los malos momentos del pasado también deben recordarse, pero en este caso como una experiencia racional que nos deja un aprendizaje. ¿Qué significa recordar racionalmente? Si recordamos un momento triste afectivamente, la tristeza volverá, mientras que si lo racionalizamos y pensamos qué enseñanza nos dejó, qué aprendimos de esa situación, lo transformamos en algo positivo y agradecemos haber pasado por esa situación, porque eso nos permitió aprender qué conviene hacer o evitar en una circunstancia similar.

Por ejemplo, si en el pasado te estafaron, no tienes que recordar afectivamente cómo te sentiste o el dolor que te causó esa situación. Recuerda esa situación racionalmente y di: «Bueno, me estafaron porque fui demasiado confiado y no puse límites. Ahora he aprendido que, antes de cerrar un negocio, primero he de averiguar bien con quién estoy tratando y que no tengo que prestar dinero a nadie.»

Ese recuerdo triste, esa situación que tanto dolor te causó, algo te enseñó, y recordar ahora esa enseñanza es lo que te va a permitir construir. El problema surge cuando rememoramos los recuerdos agradables racionalmente y los recuerdos tristes afectivamente. Cuando hacemos esto quedamos estancados y no podemos construir hacia delante. Así pues, no se trata de tener amnesia, sino de pensar cómo tenemos que asimilar cada recuerdo según sea agradable o triste.

El presente

¿Qué hemos de hacer con el presente? Construir, entrar en acción. Y hacerlo siempre sabiendo que el mañana también llegará. Por ejemplo, si esta noche decides acostarte a las cuatro de la madrugada y disfrutar el momento, también has de tener en cuenta que mañana te va a costar levantarte temprano para hacer todo lo que tenías planeado. Tienes que saber que toda acción siempre conlleva una consecuencia.

Hay personas que dicen: «Yo vivo el aquí y el ahora.» Esto no sirve, es mentirnos a nosotros mismos. Es cierto que vivimos ahora, pero también tenemos un futuro que va a quedar afectado por las decisiones que tomemos hoy. Tenemos que tratar de disfrutar del presente sin desconectarlo del futuro. Vivir sin tener en cuenta el paso del tiempo es un rasgo adolescente. La idea es vivir el presente en aras del futuro que somos capaces de soñar.

Cuando una persona dice: «Le tengo miedo al paso del tiempo», esto se debe a que ve un futuro negativo, imagina que será un anciano enfermo y amargado. Tenemos que realizar en el presente las acciones necesarias para construir nuestro futuro y así dejar de temerle. Y decirnos cada día: «¡El único que puede construir mi presente soy yo!

El futuro

Hay dos maneras de vivir el futuro: de forma infantil o con inteligencia.

Si a una persona le preguntan: «¿Cómo te imaginas tu futuro?», puede responder: «Pues... no sé... me preocupa perder el trabajo o caer enfermo.»

Esa es una manera infantil de ver el futuro. La forma inteligente de verlo sería pensar: «¿Qué puedo hacer hoy, qué acciones voy a emprender hoy para prepararme por si me despidieran de mi trabajo?», y empezar a programar posibles alternativas frente a esa eventualidad.

Otra forma infantil de pensar en el futuro es asegurar que vamos a brillar en determinada área, aunque hoy no hagamos nada para que eso sea posible. Por ejemplo, supongamos que un joven dice que quiere ser físico nuclear, pero dejó la primaria y ni piensa en volver a estudiar. Es infantil creer que vamos a lograr algo en el futuro si en el presente no hacemos nada para alcanzar ese sueño. Tenemos que ser prácticos, tomar el control de nuestra vida y empezar a hacer cosas que nos acerquen a los sueños del mañana.

Hay dos maneras de pensar en el mañana:

1. *Como distracción.* Las personas que ven su futuro como distracción son aquellas que dicen: «Ah... yo me veo ejerciendo como médico», pero no hacen nada para que esto se haga realidad. Esto no es pensar

en el futuro, sino en el presente. Lo que están expresando es su deseo de verse así hoy.

2. *Como construcción.* Significa ver el mañana como algo concreto. En el caso anterior, la persona se imagina a sí misma en una posición y nada más. Quien ve el futuro como algo que tiene que construir emprende acciones concretas para alcanzar su deseo. Si quiere ejercer la medicina, estudia con entusiasmo esa carrera para obtener su título y emprender una trayectoria profesional. Todos tenemos que cerrar las cosas que iniciamos para no frustrarnos.

Sepamos que cuando alguien empieza a hacer acciones concretas para llegar al mañana que sueña, esa persona tiene el pasado, el presente y el futuro en sus manos.

9

TRANSFORMA TUS ERRORES EN ACIERTOS

1. ERRAR ES HUMANO

Un error no es un fracaso, un error no implica un despido, un error no es el fin de la carrera ni el trabajo de una persona. Solo corrigiendo los errores podemos crecer. Forman parte del proceso de aprendizaje, por eso no hay que tener miedo a equivocarnos.

En el ajedrez, por ejemplo, aprendemos más de una partida perdida que de cien ganadas. El éxito es también sinónimo de «errores corregidos».

Y para corregir un error, el primer paso es reconocerlo.

¿Qué pasa entonces cuando no reconocemos el error?

Que se transforma en un problema.

Como líderes, tanto en el trabajo en equipo como en la vida misma, debemos ser concretos y expresar con palabras reales lo que esperamos para evitar que frente a los errores nos den respuestas de este tipo:

«No me ayudaron a ver lo que estaba pasando.»

«No me dijeron que estaba mal.»

«No me avisaron para darme la oportunidad de cambiar.»

¿Por qué cometemos errores? Entre otros motivos:

- Porque no sabemos lo que esperan de nosotros.
- Por falta de motivación.
- Por desinterés.
- Porque es parte del crecimiento y del aprendizaje.

Frente al error, podemos aprender o negar la realidad. Podemos asumirlos, corregirlos y crecer, o decir: «No necesito que nadie me enseñe nada.»

La respuesta dependerá de la actitud de la persona que marca el error y de la persona que recibe la indicación. Es responsabilidad del líder, de quien ocupa el lugar de autoridad, saber señalar el error sin humillar ni avergonzar.

Lo más importante es que ambas partes encuentren los modos, los tonos y las palabras justas.

Veamos algunas actitudes de la persona que cometió el error:

- Lo niega: no tolera el error, se siente vulnerable, por eso miente.
- Se enoja: tiene un cierto nivel de frustración.
- Lo acepta pero no lo corrige: es desafiante o no respeta a quien se lo señala.

En los tres casos las actitudes revelan una conducta infantil. Todos tenemos derecho a cometer errores (por supuesto, damos por descontado que un error no es una actitud intencional), pero no a repetirlos. Podemos reconocerlos, aprender de ellos y crecer. Una persona sana y dispuesta a mejorar y superarse cada día dirá: «Tienes razón, te pido disculpas.» En lugar de ofrecer más explicaciones o excusas, empezará por dar la razón a quien le haya señalado el error Por ejemplo, si un cliente se queja por la demora en la entrega de un pedido, dirá: «Tiene razón, señor. Íbamos a enviarle el paquete la semana pasada, lamento que no lo haya recibido aún. Gracias por comunicarme su opinión.» Y a continuación ofrecerá una manera de solucionar satisfactoriamente la reclamación.

«Busquemos una solución»... Algunas personas buscan culpables. Otras personas hablan asertivamente.

Veamos ahora algunas actitudes de la persona que marca el error:

La palabra de quien ocupa un lugar de liderazgo tiene un gran peso. Por lo tanto, señalar un error debe tener como objetivo la mejora del equipo, en ningún caso el castigo, la reprimenda o la amenaza. No se debe indicar un error por mail ni por mensaje de texto, sino cara a cara, en privado. Indicar mal un error es a su vez otro error que generará inhibición y afectará al rendimiento. En cambio, si se indica bien, será motivador, invitará a la superación y el rendimiento mejorará.

¿Cómo hacerlo?

- Señalemos siempre primero lo positivo, luego lo negativo. Eso hará que la persona se sienta valorada y útil.
- Entre iguales, seamos muy sutiles al marcar los erro-

res, para que la situación no sea vivida como una competencia.

- No demos un largo discurso ni pidamos perdón, seamos breves y concisos.
- No pongamos el foco en la culpa y apuntemos al mañana.
- Hablemos correctamente:
  – espero más de ti.
  – lo hiciste bien... pero podrías hacer más, te pido que...
  – a partir de ahora...

Para marcar el rumbo que debemos seguir y para tener la visión clara del trabajo necesitamos identificar el error. Si no lo hacemos por temor a que el otro se ofenda, nos odie o se enoje, los errores se perpetúan y se refuerzan. El líder que no señala los errores pierde autoridad frente al grupo.

2. NEGAR... O APRENDER

¿Qué tipo de persona no puede aceptar el error?

- **El perfeccionista.** Una persona perfeccionista se autocondena. Si algo no es perfecto para él representa un fracaso absoluto. Por supuesto, nada es perfecto, pero el perfeccionista no puede admitir su margen de error porque lo vive como un fracaso. Por eso no puede aceptar las observaciones del otro.

- **El narcisista.** El gato se mira al espejo y ve un león. «Como yo no hay nadie», «Soy especial», «Valoro a los que ven que soy especial», «A mí en el barrio me llaman Messi». Este tipo de personas no tolera que alguien los saque de su fantasía y los enfrente con sus virtudes y defectos.

- **El histriónico.** Es aquel que construye un personaje para llamar la atención, para agradar, aquel que desea ser atractivo para el otro ocultando sus carencias.

Reconocer un error no solo nos permite corregirlo. Nos permite pedir perdón a los demás y a nosotros mismos. Eso es aprendizaje. A través del perdón nos permitimos aprender de una equivocación, revertir el error y salir adelante.

Castigarme, disciplinarme por un error no implica aprendizaje. Tras pagar la culpa, puedo volver a equivocarme y el círculo se repite una y otra vez. Por eso necesitamos «perdonarnos» para corregir el error, dejarlo atrás y seguir hacia la meta.

3. SUPERAR LAS CRISIS

Una persona de éxito, que sabe manejar la fama y el poder, no teme a las crisis. Sabe que toda crisis implica un cambio.

Con frecuencia las personas consideran que las crisis son negativas. Tal vez sean producto de errores, de actitudes inadecuadas, de maneras poco acertadas de enfrentar una situación. Pero a la vez constituyen circunstancias que permiten el cambio. El desafío del líder es saber administrar ese cambio, vencer la resistencia que habitualmente provoca. ¿Cómo lo hace? De la siguiente manera:

- **No teme a las crisis.** Sabe que estas situaciones siempre nos brindan la oportunidad de crecer.

- **Acepta que las cosas cambian.** Muchas personas tienen la ilusión de que las cosas volverán a ser como eran, y eso los lleva a luchar por volver atrás, por recuperar lo que era (antes la empresa funcionaba así, quiero que mi pareja sea como antes de esa infidelidad, etc.). Lo cierto es que si intentan conservar las cosas tal cual eran, se estancan en la crisis. Porque si las cosas hubieran funcionado bien, la crisis no hubiera existido. La única manera de avanzar es abandonar esa idea. Para superar la crisis es absolutamente necesario que no nos aferremos al pasado. Si seguimos haciendo lo mismo, obtendremos los mismos resultados.

- **Sabe funcionar bajo un nuevo modelo.** Todas las personas tenemos una manera determinada de hacer las cosas, una cultura, un conjunto de hábitos. También las organizaciones y empresas tienen su propia cultura interna. Cambiarla puede ser trabajoso, pero un líder debe tener la capacidad de desterrar lo que no funciona para dar lugar a lo que conduce a los resultados que espera. La crisis tiene que impulsarlo hacia delante, porque es allí donde está la oportunidad y la victoria.

- **Sabe que el primer paso es el más difícil.** Porque no trata de poner parches a lo que está mal, sino de cambiarlo y aplicar estrategias y metas que funcionen correctamente para que los cambios siguientes resulten más sencillos. Establece metas a corto y largo plazo. Planifica ambas clases de metas de manera equilibrada, lo que permite disfrutar del logro y a la vez seguir mirando hacia delante.

- **Sabe enseñar.** La mejor manera de aprender es siempre enseñando, porque por un lado, al preparar un tema para los alumnos volvemos sobre los conceptos y así asimilamos, aprendemos mejor lo que vamos a enseñar; y por otro lado, porque los alumnos son los mejores maestros. ¡El líder no es el que más sabe, sino el que sabe quién sabe!

- **Suma gente al equipo.** El líder sabe mostrar que todos los miembros del grupo se van a beneficiar con la incorporación de nuevos compañeros. También puede pedir a los miembros más antiguos que sean sus mentores y los ayuden a adaptarse al equipo. Por otro lado, si un superior le pide que incorpore a una persona de su confianza, lo hace con buena disposición, no lo vive como una imposición, sino como una ganancia para el grupo. Acatará la decisión y sabrá sumar y no restar.
- **Se compromete.** Aunque asuma su función en un momento crítico, no puede disculparse diciendo: «Esto no funciona, ya estaba fatal cuando yo llegué.» Una vez que asume un compromiso con un grupo, no debe criticarlo, quejarse o pasar factura. Su misión es mirar hacia delante.

¿Cómo se transforman los errores en aciertos? Manteniendo siempre focalizada la misión del grupo, pase lo que pase. El motivo más frecuente de fracaso en cualquier cosa que emprendamos no son los errores que se pueden cometer, sino perder de vista el objetivo. Las personas que luchan por un objetivo saben que «un tropezón no es caída» y que siempre hay una nueva oportunidad: aprenden de sus errores, no se descentran recordando obsesivamente los detalles, y siguen adelante, hacia sus metas.

Quien persigue su sueño —en lo afectivo, en lo económico, en la familia— transmite en todo momento a su grupo una fe que impulsa a dejar atrás cualquier error, a superar cualquier crisis, y a crecer.

10

CONCÉNTRATE EN LOS RESULTADOS

1. SÉ LO QUE QUIERO

Cuando no sabes adónde vas nada logra motivarte, cualquier camino te sirve. En cambio, cuando tienes claros los objetivos, despiertas todas las mañanas con fuego interior, con pasión.

Aprende a establecer lo que quieres, sin lugar a dudas. Si al principio tus objetivos son imprecisos, esfuérzate por ser concreto y específico. No sirve desear salud, dinero y amor de una manera indefinida. Cuando un empresario de éxito desea dinero no es lo mismo que cuando lo desea un desocupado.

Para alcanzar los resultados a que aspiras, sigue estos pasos:

1. *Define qué quieres, adónde te propones llegar.* Y cuando te digas «yo quiero esto», tienes que decirte también «yo me lo merezco».
2. *Cuantifica.* Cualquiera que sea tu objetivo, tienes

que ponerlo en números, porque lo que se puede medir se puede lograr. Tal vez te incomode hablar de números. Si alguien te pregunta cuánto ganas, te molesta, te parece sospechoso. Pero un objetivo no cuantificado difícilmente puede ser alcanzado.

3. *Fracciona.* Divide tu objetivo en pequeñas metas. Serán indicadores de que vas por buen camino hacia el logro de tu gran objetivo, el sueño que deseas alcanzar.

Recuerda: gran objetivo, metas pequeñas. Porque si te impones metas grandes, te frustras cuando no consigues llegar.

Si quieres hacer dieta y te propones perder diez kilos, determina en cuánto tiempo lograrás ese objetivo: «algún día» no existe en el calendario. Si, por ejemplo, decides que sean cinco meses, divide ese objetivo en metas más pequeñas. Cada mes te propones perder dos kilos. Con cada meta lograda —con cada kilo que pierdas— se activará tu motivación, aumentará tu estima y seguirás avanzando hacia nuevos logros. Cada mes tendrás la satisfacción de los pequeños logros. Tendrás un motivo para celebrar.

2. NO TE LIMITES

Nuestra mente tiene un mecanismo automático por el cual otorga una determinada calificación a cada experiencia que vivimos y a cada palabra que nos dicen, y las almacena con ese rótulo.

Y, por supuesto, esas calificaciones generan sentimientos. Por ejemplo, si a raíz de una experiencia vivida una persona se siente incapaz, cuando alguien le diga que no es capaz, lo creerá. Cuando un pensamiento del exterior te hace daño es porque ese pensamiento ya está en tu interior. Cuando lo que dice la voz de otro te hiere es porque tu voz interna te dijo lo mismo durante mucho tiempo.

Esos pensamientos, esas voces internas generan sensaciones negativas: ansiedad, depresión, miedos. ¿Eres muy severo en tu autocrítica? ¿Tiendes a sentirte víctima? ¿Te sientes constantemente preocupado? ¿Vives recordando el pasado?

Para poder alcanzar tus resultados tienes que eliminar todos los pensamientos y las voces internas que generan actitudes negativas. Veamos cuáles son:

- *La crítica.* Cuando la evaluación de los actos propios y ajenos es constante, aguda y detallada, la atención se dirige a los detalles negativos y nos hace perder de vista el aspecto positivo de cada situación.

  Por ejemplo, cuando una persona crítica ve una buena película, en lugar de alegrarse piensa que la semana anterior vio una mejor. Juega siempre al «juego de los siete errores», necesita demostrar que es inteligente y que percibe con más agudeza que los demás.

- *La preocupación.* Nos crea alarma, inseguridad, temor con respecto al futuro.

  Para las personas inseguras, algo sin importancia puede ser motivo de alarma. Si tienen un lunar piensan que es un tumor peligroso. Si oyen un ruido no se les ocurre pensar que algo se cayó, dicen: ¡explotó una bomba! Y viven temerosas de todo.

- *La victimización.* Hace que en cada situación nos consideremos en desventaja, víctimas de las circunstancias.

Es el caso de los que hacen cosas que los demás no pidieron y después se preguntan: «¿Cómo se portan así conmigo, con todo lo que he hecho por ellos?» Seamos felices por el solo hecho de hacer algo por el otro, no esperemos retribución.

- *El perfeccionismo.* Impone exigencias, mandatos y obligaciones que nos impiden reconocer nuestros errores y perdonarnos.
  Las personas obsesionadas con la perfección pierden velocidad y oportunidades. Están tan preocupados en que todo salga perfecto, que nada sale. Y el resultado es que terminan descontentos: en la búsqueda de lo perfecto pierden lo bueno.

- *La queja.* Lo único que genera es una demora en el tiempo necesario para llegar a la meta. Es un impedimento para sortear los obstáculos.
  En lugar de quejarte, pregúntate: ¿qué está frenando el cumplimiento de mi meta? Y activa tu voluntad y tu inteligencia para seguir adelante hacia tus logros.

- *La pasividad.* Es resultado del miedo a no ser suficiente, a no estar a la altura de las circunstancias. Impide avanzar y termina paralizando.
  Si dices «no puedo progresar», «no puedo estudiar», estás ignorando tu potencial. Esas frases solo te pondrán límites.

- *La desconfianza.* Las personas que en algún momento de su vida fueron traicionadas o defraudadas, se volvieron recelosas y temen que todos actúen de la misma manera.

Cuando una persona sufre una decepción en el terreno de los afectos, se vuelve vulnerable. Pero puede recuperarse del fraude y aprender. Una mala experiencia no tiene por qué marcar todas sus relaciones.

- *La duda.* Es una valla que es necesario saltar para seguir adelante en el camino hacia el éxito.
  ¿Cómo se manifiesta la duda en tu vida? En la inacción. Ya no te atreves a soñar, a proyectar, todo lo cuestionas y comienzas a esconder tus deseos.

- *La competencia.* Competir con otros hace que perdamos de vista el objetivo. Solo tenemos que competir con nosotros mismos y superarnos cada día.
  No te compares con nadie ni permitas que te comparen. No tienes que ganar más que tu compañero de trabajo, tienes que ganar más de lo que ganas ahora.

El negativismo te quita energías, entusiasmo, ciega la mente. Te impide ver el camino hacia los resultados. Pero si tu mente está sana, tus pensamientos estarán orientados a los resultados exitosos.

3. Piensa en soluciones

Las personas son recordadas por los problemas que crean o por los problemas que resuelven.

La mayoría de la gente emplea más tiempo y energía en hablar de los problemas que en afrontarlos. Los transforman en monstruos temibles con frases como: «Es tremendo», «No me lo puedo creer», «Nunca me escuchan», «Siempre se burlan», «Todos se aprovechan de mí». No los imites.

No pierdas tiempo quejándote. Desarrolla una mente orientada a los resultados poniendo en práctica estas actitudes:

- **Reemplazar las creencias que no funcionan.** Nuestra mente funciona con creencias. Si esas creencias no son útiles, tenemos que cambiarlas. Es posible que una idea funcionara cuando eras joven y hoy ya no te sirva. Es momento de cambiarla y adoptar decisiones que funcionen.

  ¿Sabes por qué se hundió el *Titanic*? Por una creencia, la gente que viajaba en el barco decía: «Ni Dios hunde el *Titanic*.» Creyeron que el barco era indestructible, por eso no pusieron los suficientes botes salvavidas y en dos horas y veinte minutos murieron mil quinientas personas que podrían haberse salvado. Como vemos, las creencias nos pueden hundir o nos pueden salvar.

- **Mirar el cuadro completo.** Aprendamos a ver el cuadro completo, el final, la victoria, el premio. Como el capitán de un barco, mira más allá de la tormenta que te sacude y vas a ver que llegaste a tierra. Aleja el zoom y vas a ver que el sueño está en tu vida, está mucho más cerca de lo que piensas. Mira tu mañana, el año que viene, y cuando veas el cuadro completo, todas las cosas que hayas pasado te ayudarán para bien, porque te habrán preparado para todo aquello que hoy quieres alcanzar. Cuando veas todo el cuadro, no solo lo que te pasa hoy, te vas a dar cuenta de que hoy es solo una estación en el camino de tu vida.

- **Expandir los límites.** Límites pequeños significan territorio pequeño, sueños pequeños, resultados pequeños. Si los problemas te hacen sentir bajo presión, no tienes que esperar a que la presión cese para expandirte. En medio de la crisis y de la presión puedes hacerlo, puedes entrenarte para ensanchar tus límites. Y a medida que vayas ensanchando tus límites, tu capacidad de resistencia también aumentará.

Nunca es tarde, no importa lo que hayas vivido, no importan los errores que hayas cometido o las oportunidades que dejaras pasar, no importa la edad, siempre estás a tiempo para despegar y volar muy alto.

- **Resistir.** Cuando sientas que estás en el peor momento, no hagas nada, descansa. Y sigue mirando con el zoom más allá de la tormenta. Alguien vendrá a echarte una mano para que vuelvas a ponerte de pie. Te ayudará a levantarte, a quitar de tu vida ese gigante, ese problema, esa preocupación que hoy sientes que te está venciendo.

Se dice que cuando Elvis Presley empezó su carrera intentó grabar temas melódicos. Pero por más que lo intentaba, el resultado no era satisfactorio. Entonces, en un intervalo en el estudio de grabación, para entretenerse empezó a cantar un rock sin saber que lo estaban grabando. Esa fue la música que lo llevó al estrellato.

¿Qué significa esto? Que mientras descanses vendrán las mejores soluciones y las mejores ideas a tu vida y te sorprenderás de las cosas grandes que pueden surgir de ti.

En el peor momento de tu vida, ¡no te quejes! Concentra tu fe en ti mismo y saldrás por la puerta con tu éxito en la mano. Enfócate en tu objetivo, rompe tus muros, supérate, crece hasta lograr los resultados que soñaste. Cuando lo hagas, la alegría y la paz que sentirás será mucho mayor que todas las preocupaciones que viviste.

Llegamos adonde llegamos a causa de nosotros mismos. La gente que logra resultados se anima a recrearse a sí misma. No se adapta a modelos preestablecidos sino que los transforma a su favor. No imita a sus competidores, se diferencia de ellos y los aventaja. Para lograr resultados óptimos debemos modelar nuestro carácter y nuestra capacidad. Nadie más que nosotros es responsable de nuestros sueños; el futuro y los resultados están en nuestras manos.

Si tu pensamiento es negativo, te conducirá a acciones equivocadas y tus resultados serán negativos. Sentirás que has fracasado, te sentirás frustrado. Si tu pensamiento es positivo, tu acción y tu resultado serán positivos.

Para obtener el éxito necesitamos dejar atrás todo lo que no suma a nuestra vida, dejar de lado todo lazo emocional que nos aleje de nuestra meta, de nuestro sueño. Una mente orientada al éxito traduce todos sus pensamientos en resultados.

11

AMA APRENDER Y AMA ENSEÑAR

1. MEJOREMOS CADA DÍA

El cambio vertiginoso en el cual vivimos desafía todos los conceptos, todas las estructuras conocidas y nos impone también a nosotros mismos la necesidad del cambio, de la mejora permanente. Para mejorar continuamente en primer lugar tenemos que erradicar mitos. Por ejemplo, creer que llegará el momento perfecto para dar el primer paso hacia nuestro objetivo:

Cuando tenga dinero...
Cuando disponga de más tiempo...
Cuando mis hijos sean mayores...

Dejemos de esperar que las condiciones sean favorables para alcanzar nuestras metas. Las condiciones favorables las tenemos que generar nosotros mismos. Cada persona es responsable de lo que es y lo que logra en la vida. Nunca digas «no soy capaz», «nunca lo he hecho». Especialízate en algo y sé el mejor. Por ejemplo, un buen cirujano siempre debe estar al tanto de las técnicas más novedosas y hacer los cursos necesarios para conocerlas y después ponerlas en práctica.

Invierte tu tiempo y tu energía en tu sueño. La única manera de ser un experto es mantenerte al corriente de todo lo que surge en tu campo. Capacítate para saber lo último de tu profesión. Recuerda que si no mejoras, empeoras. No vivas del éxito del pasado.

En *Los siete hábitos de la gente altamente efectiva*, Stephen Covey señala que es necesario mantener una tensión constante y positiva hacia la mejora continua. ¿Qué debes tener presente para que tu mejora sea continua? Veamos:

- *Hacer las cosas bien desde el principio.* No malgastes el tiempo que necesitas para llegar al objetivo.
- *La calidad es un estilo de vida.* En todas las áreas, el objetivo debe ser la calidad total.
- *No importa el precio sino la calidad.* El precio es un valor relativo. La calidad tiene un impacto duradero.
- *Presta atención a los detalles.* A veces la diferencia entre el fracaso y el éxito está en las pequeñas cosas.
- *No esperes que tu jefe te lo pida.* El entusiasmo, el propósito de mejorar debe ser tuyo.

Cada año, todos los trabajos crecen en conocimiento. Lo que hoy es nuevo, en pocos meses ya no lo es y pronto desaparece. Un ingeniero electrónico sabe que el avance de la tecnología es constante y que haber conseguido su título no significa que haya terminado de estudiar. Por el contrario, sabe que ha de seguir estudiando, actualizándose cada día, porque si no lo hace su saber en poco tiempo va a ser obsoleto e inútil. Es necesario actualizar permanentemente el conocimiento adquirido: el conocimiento es poder. El que sabe tiene poder. Cuando tenemos que someternos a una operación, si queremos seguir en la tierra, si todavía no es nuestro momento de encontrarnos con el Señor, no queremos un cirujano recién licenciado, queremos al jefe del servicio de cirugía.

2. Tu próximo nivel

¿Alguna vez te has sentido estancado? ¿Has sentido que no podías seguir avanzando en un determinado tema? Es normal que esto suceda. Lo importante es que sepas que nada puede frenar el potencial que está en tu interior, ni siquiera el techo con el que en algún momento te encuentres. Tal vez, cuando llegues a determinado nivel, a partir de ahí no sepas cómo seguir creciendo. Pero aunque te parezca que ya no hay más por hacer, no es así. Puedes transformar ese techo que te limita en el suelo de tu próximo nivel. Alguien tiene que ganar el trofeo y ese alguien puedes ser tú.

En Occidente la palabra crisis se refiere a momentos de cambios profundos en la política, la economía o las relaciones personales. También se utiliza para referirse al momento crucial en que la evolución de una enfermedad puede tender hacia la mejoría o el agravamiento. Es decir, que la crisis siempre implica un cambio en el que podemos ver una oportunidad. Siempre habrá día y habrá noche. Si estás atravesando la oscuridad, debes saber que después llegará el día. Si tienes claro tu propósito y vas hacia él, los obstáculos no te detendrán: te permitirán crecer, te harán más fuerte.

Si todo fuera siempre bien, no habría crecimiento. De una crisis surgen nuevos inventos, descubrimientos y estrategias. Cuando no tenemos lo que deseamos se activa nuestra creatividad. Aunque te cueste creerlo, la crisis te hace un favor. Si un resultado te desanima, tómate un descanso. Mira adónde llegaste y cuánto lograste. ¿Te sorprende?

- Las crisis no desarrollan tu potencial, simplemente lo revelan.
- Los problemas no te moldean, muestran la persona que de verdad eres.
- La crisis te descubrirá cualidades que no sabías que tenías. No busques la solución en el exterior, las herramientas que necesitas están dentro de ti.
- Cada desafío al que te enfrentes activará tu creatividad. Muchas veces los imprevistos, los cambios de planes a último momento, se transforman en muy buenas ideas. Todo depende de tu disposición a hacer algo fuera de la rutina.
- Renuévate cada día, haz algo diferente, avanza.

3. BUSCA UN MENTOR

«Trabaja más en ti que en tu trabajo», dice Lucas Márquez. Tienes que formarte para crecer, para superarte, porque si el sueño es más grande que el soñador puede destruirlo.

Si queremos crecer, ser capaces de marcar la diferencia, tenemos que superarnos día a día, mejorar, aprender. Si no crecemos, nada a nuestro alrededor crecerá. Si no creces más que el sueño que tienes, ese mismo sueño te aplastará, porque no sabrás manejarlo. Si tu empresa crece mas que tú, terminará por destruir a su creador.

Necesitas crecer en inteligencia y en carácter. Algunas personas desarrollan una gran inteligencia que les permite alcanzar su meta. Pero una vez que llegan no tienen carácter para disfrutarla. Otros tienen mucho carácter, pero les falta inteligencia para crear estrategias y no logran llegar al objetivo. Desarrolla el autodominio y la responsabilidad de ti mismo para poder hacerte cargo de tu situación. No eches más la culpa a los factores externos. Si no creces en lo económico, en tu carrera, en tu profesión, no es por algo que dependa del país, de los economistas o de los políticos, sino de lo que estás haciendo para generar el avance que deseas. Pregúntate qué haces para alcanzarlo. Y después de sincerarte podrás reconciliarte con el mundo y generar nuevas oportunidades para que todo comience a funcionar como tú esperas.

No camines con la gente estancada, sino con aquellos que te desafían a ir adonde nunca fuiste, a escalar la montaña que nunca escalaste. Cuando estés con esa gente, la fuerza que emana de ellos te llevará a un nuevo nivel de rendimiento y de resultados. Una persona que crece es una persona que se deja enseñar en los buenos momentos y en los momentos difíciles permite que se le corrija. El pastor norteamericano T. D. Jakes dijo: «Júntate con gente que te haga sentir tonto, con gente que tiene tanto crecimiento, tantas ganas, que a su lado te sientas un tonto.» ¿A qué clase de gente se refiere? A las personas a quienes puedes recurrir para consultarles en qué puedes mejorar. Personas de quienes puedes aprender qué les funcionó para ponerlo en práctica. Esa clase de personas son mentores.

Un mentor es como un imán que atrae a gente de su misma naturaleza, atrae gente de propósito y destino. Es alguien que ya llevó a cabo lo que tú quieres hacer, que puedes tomar como modelo.

Un mentor es una persona que aconseja, que guía, que forma al otro en la disciplina en la cual él mismo destaca.

Un buen mentor no discute con su discípulo. Es tan eficaz que en minutos puede darle una enseñanza que transformará sus ideas y hará que su vida cambie por completo. Un mentor te enseña cómo llegar a tu próximo nivel. Él está por delante de ti, ve más allá, hasta donde no llegaste aún, y te anima a alcanzar lugares que aún no has pisado.

El mentor siente pasión por todo lo que hace y con esa misma pasión te transmitirá su conocimiento, no teme dar lo que tiene porque sabe que a medida que da vuelve a llenarse, sabe que es portador de una potencia inagotable.

Todos necesitamos mentores, en el trabajo, en los estudios, en todas las áreas en las que deseamos crecimiento. Un buen mentor nunca genera culpa, sino que fortalece tus capacidades. Un buen mentor supervisa. Si le preguntas: «¿Cómo estuve?», «¿Cómo lo he hecho?», «¿Qué opinas?», su respuesta te servirá para crecer. Siempre te impulsará a ser el primero, te entrenará para competir y para ganar. Y te dará algo muy importante: seguridad. Si una persona tiene seguridad, aunque pierda el trabajo no pierde la paz interior. Sabe que viene uno mejor y se motiva para llegar a su meta.

Un amigo te acompaña a celebrar tu éxito, un mentor corrige tus defectos.

Un amigo está a tu lado, el mentor te desafía a ir a por más.

Cuanto mayor es la expectativa del mentor y su capacidad para desafiarte, cuanta más estima pueda proporcionarte, mayor será el rendimiento que obtengas. Su influencia tiene un efecto perpetuo. Si aceptas la influencia de un mentor, tu mañana será mucho más grande que tu presente.

4. Transmite lo aprendido

Si sabes descubrir el enfoque de tu mentor, su sistema de creencias, tus decisiones serán cada vez más inteligentes y tus resultados, más extraordinarios. Y cuando hayas visto tu sueño cumplido podrás experimentar la gran satisfacción de ser a tu vez mentor de otros.

Los grandes hombres de la historia formaron discípulos que siguieron la tarea que ellos habían comenzado. Jesús, el líder más grande de la humanidad, dejó un legado vigente para todas las generaciones.

Si decides ser mentor de otra persona, tienes que aplicar las leyes de la expectativa:

1. Cree en el otro, valídalo.
2. Enséñale a descubrir su potencial.
3. Crea confianza.

Si un jefe, un tutor, un mentor, un padre, nos da un concepto de validación, una imagen positiva sobre nosotros mismos, seguramente responderemos a lo que se espera de nosotros. Si pone en nosotros una expectativa brillante, trataremos de alcanzar ese nivel. Si nos anima a descubrir el potencial que tenemos dentro y nos muestra que al ser liberado dará en el blanco justo, nuestro rendimiento estará a la altura de sus expectativas. Por el contrario, si menosprecia nuestras capacidades y daña nuestra estima, es probable que nuestro rendimiento sea pobre. Cada vez que una persona confía en nosotros y nos motiva a superarnos, esa confianza nos impulsa hacia nuevos desafíos.

Para ser mentor no es suficiente con tener éxito. Hay que estar libre de estas características:

- Narcisismo. El narcisista cree que es mejor, más inteligente que los demás. Es el único que sabe hacer las cosas bien.
- Envidia. El envidioso no soporta el éxito ajeno y trata de impedirlo.
- Ocio. El ocioso dedica su tiempo a estar pendiente de las personas que lo rodean y comienza a descuidar su propia vida.
- Rigidez. El rígido cree que su manera de pensar y de ver la vida es la única válida, no acepta la opinión ni el punto de vista de los demás.

Recuerda que un mentor es humilde. Es una persona que alcanzó importantes logros y siente la gran satisfacción de formar a otros, de proporcionarles herramientas para que puedan expandirse, pero no olvida que eso no implica saber todo de todo.

Siempre hay mucho más para aprender y para extraer de aquellos que han sabido ser alumnos y ahora son maestros. Las personas que avanzan y no tienen límites saben que el aprendizaje es continuo y permanente. Todo lo que has invertido en crecimiento volverá a tu vida. Aprende y enseña. Sigue creciendo día a día. No te detengas hasta ser el mejor que puedas ser.

12

DISTINGUE ENTRE CRÍTICA Y CONSTRUCCIÓN

1. DE PROFESIÓN, CRÍTICO

¿Alguna vez te has encontrado con esa clase de personas que todo lo critican? ¿O te has quedado paralizado, sin saber qué responder, frente a alguien que critica tu forma de hablar, tus amistades, tu trabajo? ¿O tal vez te reconoces como «crítico empedernido» y no sabes cómo abandonar ese hábito?

La cultura en la que vivimos es «una cultura de la crítica». ¡Una mitad del mundo critica a la otra mitad! Aunque no tengamos grandes conocimientos, criticamos películas, programas de televisión, políticos o futbolistas.

Por lo general, la persona que critica posee una baja autoestima, no puede reconocer sus propias debilidades y necesita encontrar fallos en los demás para sentirse mejor consigo misma. Por eso está siempre lista para realizar un comentario negativo, que en realidad es un juicio de valor que descalifica.

Evitemos la crítica y hagamos lo necesario para desalentarla cuando nos toca ocupar un lugar de autoridad con respecto a otros. Si algo de otra persona no nos gusta, digámoslo sabiamente, sin necesidad de lastimar. Optemos por el papel de mentor, la guía, el consejo que nace de una buena intención, del deseo de ayudar, de corregir, de cambiar, de avanzar.

Lo que hayamos sembrado en el otro en algún momento volverá, la cosecha llegará a nuestra vida. ¿Qué estás esperando cosechar, recibir en tu vida? Un abrazo, una palabra de ánimo, de aliento, un gesto afectuoso, una recomendación... ¿o una crítica?

2. CRÍTICA *VS.* CONSTRUCCIÓN

La crítica es inútil, no existe «la crítica constructiva», se trata de *crítica* o de *construcción*. La crítica destruye, lastima. Y, sobre todo, si la persona criticada no puede defenderse ni justificarse y tolera un ataque tras otro, esta forma de relacionarse puede conducir al resentimiento y causar un daño permanente en ella y en la relación.

Cuando a una persona realmente le interesa ayudar a otra, se convierte en su mentor, le sugiere cómo solucionar tal o cual cuestión con buena intención. Cuando el que te corrige te ama, te conviene aprender a escucharlo, porque esa persona busca tu avance, tu mejora continua y anhela verte brillar. Sepamos distinguir si la intención es de «crítica» o de «construcción».

La actitud crítica nace del malestar interior de la persona que la emite y de la frustración que siente. Puede ser producto de cosas no resueltas con las que probablemente una persona ha cargado desde su niñez. Por ejemplo, haber tenido padres muy exigentes a quienes nunca lograba contentar hiciera lo que hicieses. El tipo de padres que si el hijo sacaba un nueve en un examen, le decían: «Pero podrías haber sacado un diez...» Cuando ese niño llega a adulto, disfrazará de crítica su frustración y su enojo y se los echará encima a quienes lo rodean. Por eso es importante que los padres sean mentores de sus hijos guiándolos, aconsejándolos, demostrándoles que confían en que pueden lograr sus metas y valorando sus esfuerzos.

Una persona insegura no acepta ni siquiera una sugerencia. Reacciona mal ante el menor comentario y es posible que responda con una descalificación. Tiene dificultad para reconocer sus limitaciones y errores, trata de justificarse o pide excesivas disculpas.

En cambio, la persona que ha desarrollado *seguridad* y *confianza* en sí misma podrá interpretar correctamente un comentario crítico y utilizarlo para su crecimiento.

Cuando reaccionamos por impulso casi siempre los resultados son negativos. Cuando hacemos una pausa para recuperar el equilibrio emocional, estamos en condiciones de establecer un diálogo emocionalmente inteligente. No reaccionamos, sino que respondemos, y de ese modo tenemos más posibilidades de encauzar la situación a nuestro favor.

La manera en que actuemos ante un comentario negativo muchas veces dependerá de la persona que lo realice. No es lo mismo la crítica de un compañero de trabajo, un jefe o un desconocido, que la de un padre, un cónyuge o un amigo cercano, pero en cualquiera de nuestras relaciones es importante aprender a manejarla de la mejor manera posible, estar preparados para tratar con ella.

Pensemos que un comentario negativo no tiene por qué ser algo personal. Muchas veces refleja expectativas distintas. Es decir que la gente espera otra cosa de nosotros, una reacción, una actitud diferente.

Cuando una crítica nos enoja, nos resiente, el resentimiento es energía negativa, nos impide crear éxito, riqueza y felicidad. Desechemos por completo ese sentimiento. Aprendamos a relacionarnos con gente problemática sabiendo que nadie puede hacernos sentir mal sin nuestro consentimiento.

Por eso, cuando alguien critique lo que haces, no te enojes. Hay otras maneras de afrontar la crítica. Profundicemos el concepto desarrollado en el libro *No me maltrates*:

- Preguntar: «¿Qué quieres que haga?» Pide información exacta para saber cuáles son sus expectativas con respecto a tu comportamiento. Tengamos presente que todos esperamos algo diferente de la vida: un pobre desea prosperar, un enfermo de cáncer quiere ser sanado y alguien agradecido a la vida y feliz solo tiene ganas de cantar.
- Decir: «Quizá tengas razón...» (aunque no la tenga). De esa manera ponemos freno a una discusión sin sentido.
- Apagar la crítica con más crítica: Si te compras una casa, invitas a un amigo que siempre critica y te señala todos los defectos de la construcción, pídele un favor: «¿Podrías escribir una lista de al menos treinta cosas mal hechas que veas en esta casa?» Más allá de la forma en que respondas a la crítica, por encima de todo cuida tu corazón, porque él es la fuente de tu vida y de todas las cosas buenas: nunca te dejes envenenar.
- Responder: «Lo tendré en cuenta.» De ese modo das la validación que esa persona necesita y aplacas su sed de crítica.

En una ocasión, un hombre dio una conferencia y al finalizar su exposición, dijo: «Pueden escribir sus preguntas y con gusto las responderé.» Uno de los presentes le hizo llegar un papel bien grande, donde había escrito la palabra «Idiota». El conferenciante, con mucha tranquilidad, dijo: «Es la primera vez que alguien anota su nombre y no la pregunta.»

Frente a las críticas, sigamos el ejemplo de personas que han contribuido al bien de la humanidad y han dejado un legado en la historia que aún hoy seguimos disfrutando. Ellos fueron criticados porque hicieron cosas, pero nunca retrocedieron, sino que siguieron adelante en pos de sus sueños y alcanzaron la meta.

Siempre evaluemos de dónde viene la crítica.

- ¿De alguien que logró más que tú?
- ¿De alguien que alguna vez te ayudó?
- ¿De alguien que tiene autoridad?

Si la respuesta es no, preguntémonos: ¿Por qué me duele?

Si proviene de alguien que está por delante de nosotros en la carrera, ¡escuchemos!, puede dejarnos algo para crecer. Cuando recibimos una crítica, lo que necesitamos es evaluar la fuente y la autoridad que tiene la persona que la está realizando. Aunque no lo haya dicho de la mejor manera, si esa persona sabe más que nosotros, seamos inteligentes y sepamos distinguir lo que nos sirve, lo que nos ayudará a mejorar y avanzar. Sepamos que en la multitud de consejos está la sabiduría. Por eso, aunque nos haya dolido o haya herido nuestra vanidad, aprendamos y saquemos provecho a nuestro favor.

3. VALIDAR ES SANADOR

En medio de la cultura de la crítica, la queja y la descalificación, te propongo que hagas de la validación, el reconocimiento y la felicitación un hábito. Te abrirá muchas puertas.

Si tienes algún enemigo, cuando te diga algo agresivo, felicítalo. Es muy difícil criticar a alguien que te demuestra cariño.

Todos necesitamos ser bendecidos, validados, por eso validar es sanador, para el otro y para nosotros mismos: sanar la estima del otro también sana la tuya. La felicitación, la validación, la honra tiene que ser un hábito genuino. Si no, es adulación. Ser honesto es un poder espiritual muy grande.

Cuando felicitamos o validamos, nos diferenciamos de la gente que se compara y compite, no somos amenazantes y eso nos abre puertas. Mandamos otro mensaje: que nuestra estima está bien, y por eso no nos afecta negativamente el éxito de los demás, podemos celebrarlo.

La crítica positiva no existe, pero sí es positivo hablar para mejorar. Es importante poder decir lo que no nos parece bien de la otra persona o lo que no salió como esperábamos, aquello que habíamos programado juntos y no se ha cumplido, pero apuntando al hecho, a lo sucedido, nunca a la persona. Y cuando hablemos no pronunciemos un discurso, seamos breves.

Sepamos que para desarrollar el potencial de una persona el mentor emplea el «método sándwich»: dos rebanadas de felicitación y una de sugerencia: felicita, sugiere, felicita. Hagamos la sugerencia en privado y felicitemos en público, jamás al revés.

Nadie cambia mediante la crítica, sino cuando mostramos las cosas positivas, cuando somos capaces de elogiar al otro y sumar a su éxito un granito de arena que lo hará más exitoso.

4. ANTES DE HABLAR...

Tendríamos que preguntarnos a nosotros mismos si con las palabras que usamos, pensando que no estamos criticando, lastimamos al otro. Por eso, tengamos en cuenta que es primordial:

• Pensar antes de hablar.

Si la pregunta que vamos a formular toca la estima del otro, si la corrección o la crítica es agresiva, es porque no estamos sugiriendo una mejora, estamos descargando un enfado.

• No hablar antes de tiempo.

Frente a la crítica, es necesario saber que la persona que la emite no puede conocer ni saber de tu vida. Nadie caminó con nuestros zapatos, nadie vivió nuestra historia, no sabe lo que nos pasó ni lo que queremos lograr. La gente solo ve una milésima parte de nuestra vida y de nuestras acciones y, sin embargo, ya se sienten con el poder y la autoridad para criticarnos, por más que no sea así.

¡No hablemos cuando no tenemos los elementos necesarios para hacerlo! Y, cuando nos critiquen, recordemos que los demás no tienen el cuadro completo de nuestra vida, no saben qué circunstancias hemos atravesado ni hacia dónde vamos.

Cuando nos critiquen tengamos en cuenta que esas palabras son una opinión, que no es la nuestra ni la de aquellos que verdaderamente nos aman y anhelan ver nuestro éxito.

Hagamos una lista con los nombres de las personas que conocemos y de quienes sabemos que hablar con ellos es ir directamente a la confrontación. Evitémosla, no permitamos que nadie nos lastime. Cuando nos critiquen tengamos presente que el punto de vista dependerá del lugar donde cada uno se encuentre.

Al quinto día, después de leer que cada crítica es una simple opinión, solamente una mirada externa que no te conoce, que no sabe bien quién eres ni el propósito que hay en tu vida, verás que al cambiar de posición sobre las voces externas nada de lo que digan tendrá sentido ni valor. Sé libre de las personas a quienes no les interesa en absoluto tu vida. Su crítica tiene un solo objetivo: desenfocarte.

Frente a esa crítica no perdamos tiempo, solo pretende que nos enojemos para que así perdamos de vista nuestro objetivo. Solo demos lugar en nuestra vida a quienes nos quieren sanamente y se alegran de vernos mejores.

Nadie tiene autoridad sobre tu vida, solo tú.

13

PRACTICA EL PERDÓN

1. VOLVAMOS LA PÁGINA

Muchas personas guardan en su interior antiguas heridas, dolores, rencores, resentimientos que les generan emociones altamente negativas. Viven dando vueltas sobre el mismo tema, hasta que un día se sienten agotadas: esas emociones consumieron todas sus fuerzas.

Antes de que eso te suceda, es necesario que dejes en el pasado los viejos enfados, el resentimiento, el dolor que hayas vivido. Despega de todas las emociones que parecieran haber quedado congeladas en el tiempo. Es tiempo de estar sanos, es tiempo de perdonar. Mira en tu interior y pregúntate qué recuerdos, qué personas necesitas sacar de tu corazón. Perdona. Deja tu corazón vacío para lo mejor.

Perdonar es dejar de alquilar nuestro tiempo y nuestra mente a los que nos hicieron daño. Es echar a esos inquilinos de nuestra mente. Es cambiar de canal. Es bajarnos de ese tiovivo que nos hace dar vueltas siempre en el mismo lugar.

Perdonar...
>No es amnesia.
>No es olvidar.
>No es restar importancia a lo sucedido.
>No es reconciliación.

Frente al dolor es normal sentir que nunca perdonaremos. No somos malas personas por el hecho de sentir de esa manera, a todos nos pasa lo mismo ante una injusticia, una herida. Para sanarla tenemos que dejar salir todo ese dolor. Y cuando lo hagamos, estaremos listos para perdonar y empezar a recuperar la confianza en nosotros mismos y en los demás.

Perdonar no implica que al día siguiente irás de nuevo a tomar un café con esa persona como si nada hubiese pasado. Perdonar lleva tiempo, y al hacerlo no esperes nada de la otra persona.

El perdón es un acto terapéutico, sanador, es extraordinario, y no es algo que hacemos por el otro, sino un acto de la voluntad que hacemos por nosotros mismos.

Si no perdonas, sigues espiritualmente unido a esa situación, a ese rostro, a ese dolor. Llevas a todas partes al que te hirió. Y de esa manera le permites ser «tu amo».

Cuando perdonas te liberas del resentimiento, de la rabia, dejas ir ese momento vivido que te lastimó, te separas de la persona que te causó dolor, «desatas al prisionero» y entonces descubres que el prisionero eras tú mismo.

Cuando estamos en paz, toda nuestra disposición, hacia nosotros mismos y hacia el exterior, es diferente. Nuestras relaciones personales se afianzan y nuestra salud mejora.

2. PERDONAR HACE BIEN

En algún momento de nuestra vida alguien, ya sea a través de palabras o de acciones, va a despreciarnos, ofendernos, calumniarnos. Tal vez frente a una situación de este tipo te digas: «Jamás voy a perdonar lo que me hicieron» o «Es imposible perdonar a esta persona». Seguramente tu enojo es justificado. Pero cuando te suceda, no te llenes de rencor. No permitas al que te hace algo malo que alquile tu mente y la acapare. Con el tiempo el rencor termina transformándose en resentimiento y entonces tu cuerpo y tu espíritu comienzan a enfermar. Un gran porcentaje de infartos son causados por las hostilidades que se acumulan y se guardan durante años, dañando al corazón.

Por eso, cuando sientas que alguien te ofende, te insulta, te lastima, *no reacciones, ignóralo*. Si alguien te dice: «¡Qué mala cara tienes hoy!», *levanta un escudo invisible*. Imagina que las palabras rebotan. No te involucres. El que te agrede tiene un tema sin resolver consigo mismo.

Tampoco asumas la posición de víctima, no busques la compasión de los demás. La persona que se siente víctima de las circunstancias llora todo el tiempo, cuenta a todo el mundo lo que le hicieron y se queja continuamente. «Si supieras la historia de mi vida, entenderías por qué me dolió»; «Es que he pasado por tantas cosas... me han maltratado mucho...»

No analices cada frase que te dicen buscando una ofensa. Cada persona oye lo que quiere oír. No escuches desde tus emociones heridas. Entrena tu oído, aprende a escuchar a quienes te rodean con sabiduría y con objetividad.

Deja de repetir en tu cabeza la historia que te duele. Elimina de tu vocabulario frases como: «Me han usado», «No me dejan», «Me han herido».

¿Piensas en eso malo que te hicieron más que en las cosas buenas que te pasan?

¡Cambia de canal! Piensa:

¿Harías hoy algo diferente frente a aquella situación que te produjo tanta tristeza?

¿Qué harías si tu problema ya estuviera solucionado?

Y después de pensarlo, empieza a poner en marcha eso que elegiste, que imaginaste. Estos cambios harán que te sitúes frente a los problemas de una manera distinta, mucho más fuerte.

El perdón es sanador. Dejando atrás el dolor, me extiendo hacia lo mejor que está por venir.

3. PERDONA Y PERDÓNATE

Perdonar significa que no voy a dejar que mi pasado de dolor marque y determine mi presente y mi futuro.

Mi presente y mi futuro han de tener paz porque yo decido disfrutar de toda la vida que tengo por delante. Para alcanzar un futuro de sueños, de metas, de anhelos necesito estar en paz y haber perdonado.

- *Perdonar es recordar que nosotros también lastimamos.* Nadie puede tirar la primera piedra.
- *Perdonar es un acto de grandeza.* Quiere decir: «Todo lo que he vivido no va a tener el control de mi vida, no determinará mi presente, ni mis planes, mis proyectos, mi futuro.»
- *Perdonar es poner reglas claras, es poner límites.* Digamos «sí» y «no» a quien sea. Si en determinada situación sabes que no hiciste daño a nadie, no pidas perdón para satisfacer al otro, no te conviertas en una persona suplicante.

- *Perdonar es poder dormir tranquilo.* Y cuando te levantes y pongas en marcha tu vida, todo lo que hagas te saldrá ¡extraordinariamente bien!

4. PERDONA Y SIGUE CRECIENDO

Si alguien te ofende, dale gracias a Dios: si te ofendiste es porque tocaron tu talón de Aquiles, una herida que no está sanada y te desvía de tu meta.

Tal vez en la niñez te lastimaron de esa misma manera y pensaste: «Esto no volverá a pasarme.» Entonces, cuando alguien te hace atravesar lo mismo que sufriste, te enoja porque te prometiste que no te pasaría nunca más.

Concéntrate en lo que te dolió y tómate tiempo para sanar en tu interior lo que no te permite seguir creciendo. Llegará un momento en que nadie podrá herirte. Perdonarás cualquier insulto u ofensa y seguirás adelante sin desenfocarte de tu meta.

Para abordar este tema hay una bonita imagen para poder compartir en el grupo. Si te cuesta perdonar ese dolor, ese hecho traumático que viviste, piensa que el resentimiento es como un avión que está en vuelo y no aterriza. ¿Qué va a pasar? En algún momento se va a quedar sin combustible. ¿Qué es el perdón? Hacer aterrizar el avión en la escena.

Frente a una persona que haya sufrido un dolor, una traición, una pérdida, dejemos que hable, que exprese todo lo que ha vivido, que pueda decir cómo se ha sentido, que pueda liberar todo ese dolor. Y luego, una vez que pueda ser libre y hablar de todo lo que ha sentido, podrá perdonar.

¿Qué sucede cuando miras siempre el canal «Rencor»?

Ves siempre la misma película. Perdonar es poder cambiar de canal. Hagámoslo como un acto de fe, aunque sigamos teniendo rabia. Eso es una emoción que acabará desapareciendo, lo importante es soltar al otro de mi vida.

No abracemos el rencor, no guardemos en nuestro interior lo que no construye. Solo tenemos que guardar lo que nos ayude a crecer.

La historia va más o menos así: hubo una vez una ofensa, la ofensa inyectó odio y el odio generó ira. Como creemos que odiando nos defendemos y castigamos a nuestros ofensores, entonces repasamos la ofensa y ponemos más ira al odio y más odio a la ira. Estamos tan ocupados alimentando el odio y la ira que no vemos la realidad: tal ocupación no nos deja ser felices.*

Todos nos sentimos mal si nos insultan, nos critican o se burlan de nosotros. Lo cierto es que todos, lo queramos o no, alguna vez ofendemos a los demás, ya sea de palabra o de hecho. La ofensa se puede producir por acción —algo que nos hicieron— o por omisión —algo que esperábamos que hicieran y no hicieron—, que parece más sutil pero puede causar el mismo dolor.

Si te equivocas, perdónate. Las equivocaciones son parte de la vida, del aprendizaje, del camino al éxito. Cada vez que cometas un error, aprende de él todo lo que puedas y así estarás mejor preparado para la próxima vez. Perdonar no cambia el pasado, pero sí el futuro. Cuando perdonas, liberas a un prisionero: tú mismo. Eres el principal beneficiado

---

* Edith Fragoso de Weyand, *Zona libre de ofensa*, XulonPress, Maitland, Florida, 2008.

del perdón. Jesús dijo: «Perdónanos como nosotros perdonamos.» Si perdonamos recibimos misericordia.

Perdona rápido y sigue adelante, centrado en la meta, imaginando esa cima que quieres alcanzar.

14

DERRIBA TUS MUROS

1. Persevera y triunfarás

Piensa en una frustración que hayas tenido: algo que querías y no alcanzaste, un sueño que no lograste cumplir. ¿Recuerdas alguna frustración espiritual, afectiva, emocional o económica? ¿Y recuerdas cómo reaccionaste?

Frente a la frustración podemos reaccionar con enojo hacia los demás o hacia nosotros mismos, preguntarnos: «¿Cómo no me di cuenta?» También podemos reaccionar con resignación, decir: «Es lo que me tocó», bajar los brazos y dejarnos llevar por la tristeza y el aislamiento.

Cuando un proyecto o un sueño se frustra, puedes enfadarte, gritar, insultar o golpear. También puedes lamentarte y llorar. Pero esas no son las únicas alternativas: puedes ponerte en pie, caminar sobre las piedras y no detenerte hasta llegar al destino que te habías propuesto. Puedes entrar en acción para generar otras reacciones que sean positivas, para sobreponerte y experimentar lo nuevo; es decir, para cambiar el enunciado del problema. Cuando tienes un problema y das vueltas siempre en torno a las mismas ideas sin lograr resolverlo, lo que tienes que hacer es redefinirlo. Redefinir significa que un problema siempre se puede observar desde distintos puntos de vista. Cuando cambiamos de perspectiva, somos capaces de redireccionar el enojo o la tristeza.

La gente y las circunstancias pueden detenerte temporalmente, pero solo tú puedes detenerte definitivamente. No bajes los brazos. No aceptes darte por vencido. Si te dices a ti mismo: «No me rindo» ni siquiera en una situación que te parece muy difícil, lograrás tu objetivo.

Si tienes fe en ti mismo, lo que deseas se hará realidad. La fe es la profunda convicción en lo que se espera. Si mantienes tu visión, tu fe la hará realidad.

Tienes que saber que los sueños, ya sean afectivos, económicos o espirituales, pasan por tres fases:

- Nacimiento: Tienes el sueño. Por ejemplo: «Voy a comprar una casa.»
- Muerte: «Nadie me ayuda.» Te ofenden, te roban, caes enfermo.
- Resurrección: Tu sueño vuelve a nacer.

Cuando tu sueño nace te sientes feliz, lleno de entusiasmo, pero cuando comienzas a entrar en acción para alcanzarlo empiezan los cuestionamientos y el desánimo. Parece que todo se cierra, que todo sale mal. ¡No es así, solo hay que seguir peleando! No puedes darte por vencido. Es entonces cuando tienes que afirmarte y determinarte a llegar. Debes seguir hacia delante, poner en marcha toda la capacidad que has acumulado, todo tu entrenamiento, toda tu fortaleza y tu pasión.

Desde el momento en que tu sueño nace hasta que llegas

a él transcurre un tiempo. Y en ese proceso estarás entrenándote. Si aún no has llegado, tranquilo, estás entrenándote para alcanzar tu meta. En tu camino tendrás que librar batallas con el exterior y contigo mismo. Si eres capaz de superar esas pruebas y ganar las batallas, saldrás fortalecido. No importa cuánto tardes, si tus acciones son correctas antes o después llegarás. Avanza un paso más todos los días. Suma acciones: por pequeñas que sean, una tras otra se harán grandes.

Si has tenido la capacidad de soñar ese sueño es porque está diseñado para que tengas la fuerza suficiente para derribar cualquier obstáculo. Eres el único que puede realizarlo. En medio de los contratiempos renacerás junto con tu sueño. Es tiempo de que dejes atrás todos los pensamientos limitadores, que te llenes de creencias verdaderas y sueñes con lo que han visto tus ojos interiores. Un sueño te hace ver y no te preguntará si tienes riquezas o no, un sueño te llenará de tanta energía que contagiarás a otros y querrán unirse a él. Cuando comiences a soñar en grande y estés dispuesto a perseguir tus objetivos, los recursos que necesitas vendrán.

Tu verdadero yo se manifiesta en la adversidad, cuando enfrentas una situación que te pone al borde del abismo. Una persona que llega a la meta es la que puede esforzarse más por un período de tiempo más largo. Persevera: la mejor manera de vencer el desaliento es cambiar el «casi» —casi llego, casi lo logro— por «una vez más». El fracaso no existe, todo lo que se hace por segunda vez se hace mejor.

Albert Einstein decía de sí mismo: «No es que sea más inteligente, es que me he enfrentado a los problemas durante más tiempo.»

Deja de esperar que todo sea fácil. Todos los sueños tienen grandes murallas, pero si golpeas una y otra vez una puerta se abrirá. Tu pasión y tu fuerza interior te permitirán dar el golpe contundente. Y «de repente» llegarás a él.

La vida no es una carrera de cien metros, es una maratón. Algunos no llegan porque abandonan y otros siguen corriendo hasta alcanzar la meta. Abandonar es fácil, cualquiera puede hacerlo. Perseverar es la característica de los que alcanzan sus sueños. Cuanto mayores sean tus sueños, más obstáculos tendrás que superar, mayor será la presión. Pero también será grande la recompensa.

2. ¡SIN EXCUSAS!

Muchas veces damos excusas para explicar por qué no alcanzamos nuestro objetivo: «No me apoyaron», «No tuve ayuda», «No es fácil». Pero esas justificaciones no te eximen de tu responsabilidad. Si no la asumes, ante cada problema que se presente harás un diagnóstico equivocado.

Abandona la posición de víctima. Ya no te preguntes: «¿Por qué me hacen esto», sino «¿Por qué me hago esto?» Eres el único responsable de tu vida, de tus alegrías y tus tristezas. Nadie es responsable de la cara que tiene... pero sí de la cara que pone. Cuando te haces responsable de lo que te sucede dejas de culpar, de quejarte y puedes enfocarte en tu meta.

Espera cada vez menos de los demás y cada vez más de ti mismo: el problema no es que las cosas cuesten mucho, sino que no podamos pagar lo que cuestan. Asume el compromiso de ser excelente en todo lo que hagas. La excelencia no es algo que debas dedicar a los demás, es un regalo para ti mismo. No esperes que nadie venga a salvarte o a rescatarte. Inconscientemente todos esperamos que alguien nos salve, que nos proporcione la solución, una palabra mágica para poder avanzar y alcanzar nuestro sueño. Pero lo que necesitamos es aprender a ser libres, a no esperar nada de los demás. Si llegan, bienvenidos sean, pero no dependamos de las acciones de otros.

Desarrolla una mentalidad ganadora y todo lo bueno comenzará a buscarte. Una persona con mentalidad ganadora dice: «Esto va a ser un éxito», «Hoy me va a ir genial», «Seguro que me felicitan». Nunca esperes que los demás te hagan feliz. No buscamos formar pareja para ser felices, sino que como somos felices con nosotros mismos buscamos al otro para compartir tanta felicidad. No son las cosas ni los otros los que nos hace felices, sino nuestra alegría, nuestra esperanza de todo aquello que estamos proyectando alcanzar.

3. NO TE CONFORMES, HAY MÁS

Tener la capacidad de adaptarse no es lo mismo que ser conformista. Por ejemplo:

Tienes un coche viejo y te adaptas a él. Pero no te conformes, porque no es el coche de tus sueños.

Tienes un sueldo y adaptas tus gastos a él. Pero no te conformes, porque puedes ganar más.

No te conformes con lo que ya hayas logrado, porque ¡hay más!

Mantén la convicción de que mereces lo que te propones lograr. Si no crees merecer que las cosas te vayan cada vez mejor, ¿cómo vas a pedir un aumento de sueldo? Atrévete a decirte: «Soy digno de estas cosas y me las merezco.»

Hay dos momentos clave en los que puedes detenerte: después de una derrota o después de una victoria. Si has vivido una derrota, persevera. Si estás atravesando un triunfo, celébralo. Pero siempre teniendo presente que uno de los grandes premios que trae un triunfo es la oportunidad de ir a por más.

Tu triunfo te dará más conexiones, más influencia, más recursos económicos. Pero lo más importante es que tu éxito de hoy te rescata de un mundo fatalista y te da una visión positiva del futuro: te muestra que todo es posible.

Recuerda que hay una nueva cima esperando que tú la alcances. Si decides detenerte en tu triunfo, este puede transformarse en tu peor enemigo. No te conformes con pequeñas victorias, no permitas que te alejen de la posibilidad de capturar el gran triunfo. No hay estación terminal salvo que tú lo decidas. Celebra tu triunfo de hoy y disfrútalo, pero recuerda que hay más que conquistar.

4. ERES EL DUEÑO DE TUS RESULTADOS

Si quieres llegar a la meta tienes que prepararte para alcanzar tu sueño con una disciplina fuera de lo común. Porque si tu sueño es extraordinario, también tu entrenamiento deberá serlo. No lo consideres una pérdida de tiempo: es una inversión para tu futuro de éxito. La verdadera clave para alcanzar las metas que te has propuesto es la autodisciplina. Puedes tener muchas cualidades para alcanzar tu propósito, pero si no tienes disciplina, te faltará una virtud fundamental. Aunque nadie lo ve, para ganar una carrera un atleta se levanta temprano y entrena, corre todas las mañanas, durante muchos meses. Deja de preocuparte por cosas sin valor y empieza a trabajar para fortalecer tu convicción y tu seguridad. Entrena hasta que te sientas preparado para ir a los lugares que te hacían huir, para comenzar lo que nunca te atreviste a empezar y para completar lo que quedaba inconcluso.

Una poderosa manera de disciplinarnos es desafiar todas las excusas, descubrir qué método estamos usando para ocultar nuestros fallos, nuestros errores, y abandonar ese hábito. Por ejemplo, las mujeres suelen poner como excusa «Mi marido no me deja» o «Tengo que ocuparme de mis hijos». Una excusa muy común en los hombres es «No puedo descuidar el trabajo». Recordemos que nuestro mundo lo construimos de acuerdo con nuestras palabras. Si decimos «no sé», «no puedo por tal o cual cosa» o «cuando llego ya es tarde»… vamos a llegar tarde siempre. En vez de excusarnos, tomemos conciencia de nuestro lugar de autoridad, situémonos como líderes de nuestra vida y preguntémonos: «¿Cuál es el presente y el futuro que quiero construir?»

Salgamos del lugar de víctima, dejemos de decir «no me respetan», «no me escuchan», «no sé», «mi jefe me está boicoteando», «no tengo la capacidad que tiene el otro». Es tiempo de soltar este lugar para pasar a ser protagonistas de nuestra propia vida. Esto no significa negar las dificultades, sino determinarse a llegar a nuevos desafíos. Cuando no lo hacemos terminamos cayendo en el aburrimiento y por ende en la frustración. Piensa: «¿Qué desafíos tengo por delante?», «¿Qué meta puedo proponerme a partir de ahora?», «¿Cómo son los resultados que hasta ahora he obtenido?» Ser líder de tu vida es vibrar con nuevos desafíos y si hablas de esos desafíos con los demás, los harán vibrar también y sumarse al objetivo.

Un gran pintor llamado Renoir tenía artrosis en las manos y por eso cuando pintaba le dolían muchísimo. Una vez le preguntaron por qué seguía pintando si hacerlo le causaba un dolor tan fuerte, y él respondió: «El dolor pasa, pero la belleza queda.» ¿Qué nos enseña esto? Que cada uno de nosotros tiene que seguir pintando su vida, no ha de buscar ser perfecto, tiene que ser lo mejor que pueda ser.

Durante tu preparación rodéate de gente que esté en un nivel por encima del tuyo. Acércate a personas visionarias, que hagan aportes positivos a tu objetivo, que te inspiren para llegar más lejos y más alto. Reconoce tus errores y corrígelos, pero también tienes que ser capaz de ver tus propias virtudes, para utilizarlas, y las del otro, para poder copiarlas.

Aléjate de los que dicen «no quiero» —los que se oponen a todo— y de los que dicen «no puedo», los que se dan por vencidos en todo. Elige a los que dicen «sí se puede», a los que hacen, para que sean tus mentores. Esfuérzate por ser lo mejor que puedas ser, con el ciento por ciento de lo que tienes, de tus ganas, de tu actitud, y vas a tener tu recompensa.

15

VENCE LOS MIEDOS

1. MIEDO Y DESEO

El miedo es un mecanismo de defensa. Es fisiológico y aparece en nuestro cuerpo cada vez que lo necesitamos porque tenemos que preservarnos. Es un mecanismo que forma parte del instinto de conservación. Por eso frente a una situación desconocida, a un riesgo, a un emprendimiento nuevo, a un desafío junto con la tensión y las ganas de llevarlo a cabo puede surgir el miedo. Imaginemos la siguiente historia:

En una ocasión un hombre de las cavernas se encontró en el camino con un mamut. El hombre tenía hambre. Se dijo a sí mismo: «Tengo que comerme al mamut.» Pero junto con el hambre sintió miedo de enfrentarse a la bestia. Y está bien que tuviera miedo, de lo contrario habría sido un psicópata.

Entonces decidió no matar al animal por el miedo a lo que pudiera pasarle. Pero cuando llegó a la cueva en-

contró a toda su familia llorando de hambre. ¿Qué hizo entonces este hombre primitivo? Volvió adonde estaba el mamut y empezó a pensar cómo matarlo, dónde pegarle —así fue como se inventaron las armas— hasta que decidió enfrentarse a él. Lo hizo, lo mató y se lo comió.

¿Tenía miedo este hombre? Claro que sí, pero la necesidad fisiológica superaba a su miedo.

Un soldado que está en el frente de batalla seguramente tiene miedo. Pero su instinto de supervivencia le da fuerzas para correr lo más rápido que pueda, esconderse o hacer lo necesario para seguir viviendo.

Todos tenemos miedo en algún momento o circunstancia de la vida, y esto es normal, pero cuando el deseo es más grande que el miedo, podemos enfrentarlo y salir adelante.

¿Qué quiere un jugador de futbol? Al comenzar su carrera ya quiere jugar en primera, en el mejor equipo, en la selección, en el mundial.

Un estudiante de Medicina, ¿qué quiere? Licenciarse para ser un especialista. ¿Para qué? Para ser jefe de sala. ¿Para qué? Para ser jefe de planta. ¿Para qué? Para ser jefe del servicio de esa especialidad. ¿Para qué? Para ser director del hospital. ¿Para qué? Para ser ministro de Sanidad. Todos nosotros tenemos un anhelo de superarnos. Pero si ese anhelo está disminuido, el miedo nos gana.

Cuando el hombre ve al mamut, ¿tiene miedo? Sí. Y si de repente ve un conejo, ¿qué hace? Caza al conejo y se lo come. Entonces al otro día, cuando tiene hambre, ¿qué hace? ¿Va a ir al mamut o va a ir al conejo?

En situaciones de este tipo, siempre hay amigos que te dicen: «Cuidado con el mamut, que mata a mucha gente.

Hay que ser inteligente; teniendo a la vista un conejo, ¿para qué ir a por el mamut?» El hombre se queda con el miedo al mamut y se come el conejo.

El deseo de superarnos hace que de todos modos vayamos hacia ese miedo, nos enfrentemos a él y lo venzamos. Cuando alcanzamos un punto de cansancio o de agotamiento con respecto al conformismo y la rutina, este mismo deseo nos saca de la zona de confort, dejamos de comer conejo para ir a por la carne del mamut. El hombre nació con el potencial de enfrentarse al miedo, superarse y llegar a la cima. Después del mamut, querré ir a por el dinosaurio y luego a por la manada de mamuts, porque el deseo de crecer, de superarme, es mucho más grande que el miedo a cortarle la cabeza a aquello que me impide llegar a mi sueño, a mi meta.

El desafío por la medalla, por el premio, nos impulsa a enfrentar el miedo y vencerlo. Saber que la ganamos con esfuerzo y superando cada miedo, cada escalón, es un alimento para nuestro espíritu y para nuestras emociones que nos fortalece cada vez más.

Al superarnos estaremos impulsándonos hacia arriba y el líder es la persona indicada para motivarnos a aspirar siempre a más. El líder tiene la capacidad de influir sobre su equipo y sobre su propia vida. Líder es aquel que impulsa siempre hacia arriba. Muchas veces la cultura empuja hacia abajo, al menor esfuerzo, pero tenemos capacidad y potencial para ir siempre a más y no detenernos hasta llegar a la cima.

Si mi deseo es mayor que mi miedo, seguiré siempre hacia delante.

2. LA HISTORIA CONTINÚA...

El hombre no había comido, su falta de alimento le generaba una necesidad tal que eso lo impulsó a sobrepasar su miedo y atreverse a desarrollar una estrategia para enfrentar al mamut.

Se lo come, sacia su apetito, pero luego aparece un zorro que quiere apropiarse de los restos. El hombre deja que se coma los restos y se aleja por temor a ser mordido. ¿Se atrevió con un mamut pero no con un zorro? ¿Por qué? Porque el miedo tiene que ver con la motivación.

En este caso, el miedo queda en segundo plano cuando es necesario satisfacer una necesidad primaria: comer al mamut era indispensable para sobrevivir. Una vez satisfecha esta necesidad, el miedo reaparece para asegurar la preservación.

El hombre siguió evolucionando, salió de las cavernas, alcanzó y sigue alcanzando múltiples conquistas.

Sin embargo, el miedo sigue presente. No se trata de negarlo, sino de decidir qué actitud podemos tomar frente a él. También hoy los seres humanos hemos de satisfacer necesidades fisiológicas, aunque ya no tengamos que medirnos frente a frente con un mamut. A fin de proveernos de alimento, ganamos el dinero necesario para comprarlo con nuestro trabajo. Pero también en esta situación interviene algo más que la necesidad primaria. En el ámbito laboral entran en juego las ambiciones personales —progreso, metas—, y para lograrlas es necesario tener cualidades personales. En primer lugar, osadía para vencer ciertos miedos. Y también necesitamos de los otros, necesitamos confiar, no tener miedo de los demás, sino al contrario, sentir que quienes nos rodean nos protegen, que podemos contar con ellos cuando los necesitemos.

¿Por qué las personas sienten miedo a empezar un nuevo trabajo?

Cuando estamos a punto de comenzar un nuevo trabajo que significa pasar a un nivel más alto se nos presenta un conflicto: puedo quedarme en el lugar ya conocido, donde todos me quieren, o asumir un desafío y pasar de ser liderado a liderar. Colón podía elegir entre ser un comerciante medianamente próspero en Italia o arriesgarse a morir con las tres carabelas en el océano. Entre lo que tenía y lo que podía lograr se generó una «tensión». Pero en su caso la ambición fue más grande, la situación de incomodidad en la que estaba hizo que se moviera a lo más, a lo mejor.

La incomodidad nos mueve

Nos animamos a hacer cosas cuando hay una necesidad que está insatisfecha, que debemos cumplir. ¿Por qué no nos animamos a hacer cosas nuevas? Porque no sentimos una incomodidad que nos impulse a vencer los miedos. Cuando la necesidad no es extrema, tampoco la incomodidad es profunda. Entonces seguimos donde y como estamos. Cuando el deseo es más fuerte que la comodidad, se impone al miedo y nos pone en movimiento. En este caso la inseguridad permanece constante pero la motivación va en aumento.

No tenemos que satisfacer el cien por cien de las necesidades. Podemos hacer una lista de nuestras necesidades y asignar a cada una un valor: esta vale 5, la otra, 8 y esta otra, -3. En la sumatoria el resultado es positivo, significa que estoy contento con el grado en que están satisfechas estas necesidades. Pero si el resultado es negativo, significa que estoy insatisfecho, y la insatisfacción generará la necesidad de moverme.

En definitiva, para superar los miedos lo mejor es centrarnos en nuestra motivación trascendente, aquella que nos empuja a seguir adelante a pesar de los riesgos. Victor Frankl fue un psiquiatra judío que pasó la Segunda Guerra Mundial en varios campos de exterminio, entre ellos Auschwitz. Él nos dice que no se salvaron de aquel infierno los más fuertes, ni los más cultos, ni los mejor preparados, sino aquellos que tenían una motivación más allá de su propia vida: «Cuando salga escribiré un libro», «Cuando salga veré a mis hijos», «Cuando salga contaré esto al mundo». Como decía Nelson Mandela: «No es valiente aquel que no tiene miedo, sino el que sabe conquistarlo.»*

* http://servicios.elcorreo.com/auladecultura/pilar_jerico2.html

16

ACTIVA TU POTENCIAL CADA DÍA

1. CAPTURA LAS OPORTUNIDADES

¿Tienes un deseo, un sueño, una meta? ¿Algo que deseas pero siempre está lejos, en el futuro? Deja de plantearte la alegría en el futuro. Recuerda que Dios te dio un enorme potencial, te hizo a su imagen y semejanza. Empieza a liberar hoy mismo tu potencial, el poder que tienes en reserva, tu fuerza dormida, tu habilidad oculta. Define tu meta y determínate a alcanzarla. En primer lugar, detectando y aprovechando las oportunidades.

En griego hay dos palabras para designar el tiempo: *cronos* y *kairos*.

Cronos es el tiempo cronológico, mide cantidad.

Kairos es el tiempo de oportunidad, es un tiempo especial, es calidad.

Puedes vivir cien años sin aprovechar las oportunidades, los momentos en que las llaves que necesitas están a tu disposición.

¿Por qué las personas no capturan esas oportunidades?

- *Por inseguridad.* Cuando alguien no se siente capaz de lograr su objetivo, ni siquiera lo intenta. Tal vez recuerde experiencias en las que fracasó y no quiere repetirlas.
- *Por miedo a equivocarse.* Las personas perfeccionistas no avanzan por temor a equivocarse. Analizan la situación interminablemente porque no toleran el error y temen al fracaso.
- *Por no asumir responsabilidad.* Saben que progresar implica asumir nuevas responsabilidades y boicotean sus propios proyectos.

No temas las dificultades o las metas que pueden parecer muy lejanas. La oportunidad siempre llega escondida en desafíos. Nada te caerá del cielo. El desafío puede darte miedo, generar dudas, pero si te atreves, descubrirás que detrás se encuentra lo que estás buscando.

Ante un desafío:

- No pidas menos problemas, desarrolla carácter, compromiso y disciplina.
- No pidas menos retos, adquiere más sabiduría.

Cambia lo que no te gusta y, si no puedes hacerlo, cambia tu forma de verlo. Transforma tus problemas en oportunidades: si cambias tu percepción, cambiarás tu acción. Puedes hacer de cada dificultad una tragedia o una oportunidad.

Es hora de que dejes de pensar en lo que te falta. ¡Celebra lo que ya tienes! Celebrar lo poco nos acerca a lo mucho. Recuerda que las cosas no traen felicidad, la felicidad trae las cosas.

2. CAMBIA EL ENFOQUE

Todos nacemos con potencial, con un conjunto de recursos internos que nos dan la capacidad de originar cambios. Si estás llevando a cabo un proyecto y algo no funciona, tienes que ser flexible, tienes que ser capaz de cambiarlo, porque si sigues haciendo lo mismo obtendrás los mismos resultados. Una persona que cree en sí misma, que apuesta por su proyecto y su equipo, reconoce que hay un momento en que debe cambiar la forma en que hace las cosas.

Todos tenemos una manera específica de hacer las cosas que en parte hemos aprendido de nuestra cultura. Pero hay en ti un potencial, una capacidad de cambio que tienes que soltar para poder desterrar lo que no se hace con excelencia a fin de dar lugar a lo bueno y lo mejor.

Siempre podemos transformar nuestra realidad. Si hay un área de nuestra vida que no funciona como desearíamos, en lo laboral, en lo emocional o en lo espiritual, tenemos que saber que en nuestro interior está la capacidad de cambiar lo que no funciona. Siempre hay una nueva oportunidad. ¿Hoy has perdido un partido? Hay otro por ganar. ¿Has perdido el campeonato? Habrá otro. Es necesario que aprendas a ver las cosas desde distintos lugares.

Hay un solo lugar que debes evitar: el de la *víctima*. No seas víctima de ti mismo, no digas: «No soy capaz», «No puedo», «No sé si podré, siempre me va mal, todo me ha costado en la vida». Efectivamente, si actúas de esa manera todo te costará mucho. Tampoco seas víctima de los demás, no te justifiques diciendo: «Me hiciste daño», «Me abandonaste», «Por tu culpa soy así». Si pones tu problema en el otro, le concedes el poder. Y no seas *víctima del mundo*. Frases como: «Yo quiero, pero no me dejan», «Nadie me ayuda», «Los políticos tienen la responsabilidad», dejan tu problema en manos del mundo entero.

Un gran temor, una circunstancia que parece estar fuera de nuestro control, es un gigante que nos da miedo. El miedo puede bloquearnos, pero también puede hacernos reaccionar de manera que nuestro futuro sea diferente y mucho mejor.

Si abandonamos el papel de víctima, dejaremos de sentirnos menos, de sentirnos impotentes con respecto a nosotros mismos, a los otros y al mundo para decir: «Yo puedo vencer este problema porque he entendido que soy más que mis miedos.»

Aplica la «técnica de los 180 grados»: a medida que gires, tu punto de observación cambiará, así como el panorama y la percepción que tenías. Descubrirás que el problema que te agobia tiene un fallo, un punto débil, y empezarás a actuar para resolverlo. Cuando lo hagas las cosas dejarán de parecerte tan negras y el cambio de enfoque te permitirá ver algunos grises: ahí es donde tendrás que soltar tu potencial, donde tendrás que abrir tu mente para producir los cambios que necesitas.

La mitología griega cuenta la historia de Sísifo, un hombre que subía la montaña cargando una piedra. Cuando con gran esfuerzo llegaba a la cima, la piedra se le caía rodando por la otra ladera. Entonces Sísifo volvía a empujarla por ese lado; llegaba a la cima y se le caía por el otro. Una y otra vez pasaba lo mismo. Si te ocurre algo parecido, empieza a ensanchar tu mente, ¡busca otra solución!

Un problema nuevo tiene que ser un desafío nuevo, un triunfo más. Hacer muy bien lo que no es necesario hacer no sirve, limita. Para que haya soluciones hay que hacer cosas nuevas, hacer cambios.

3. ESCASEZ *VS.* POBREZA

Es habitual que las personas se aferren a creencias que no les permiten desarrollar su potencial, sino que al contrario, lo limitan. Creen en modelos que consideran verdaderos pero que en realidad no son más que justificaciones para intentar explicar por qué no alcanzan sus metas.

Por ejemplo, hay quien dice: «Si tuviera dinero mi actitud sería diferente.» Esto no es así. Aunque tengas mucho dinero, eso no te garantiza la actitud correcta. Debes diferenciar escasez de pobreza. Escasez es falta de recursos. Pobreza es una actitud mental. Tal vez no dispongas hoy del dinero que necesitas para avanzar en tu objetivo, pero si tienes una actitud decidida y determinada a alcanzar tu meta, eres rico. ¿Crees que tu saldo bancario te dará fortaleza? Te equivocas. Lo que te permitirá llegar a la cima es tu convicción en que lograrás el resultado.

Por eso es importante que eliminemos aquellas creencias que nos limitan. Veamos cuáles son las imágenes negativas instaladas en nuestra mente que nos impiden desarrollar nuestro potencial:

- *El prejuicio.* Es una imagen previa de una persona o una oportunidad. Toda imagen que te anticipe a la derrota es un prejuicio.

- *La obsesión.* Es una imagen que se repite de manera compulsiva haciendo que toda la vida gire alrededor de esa idea fija, que se analiza constantemente. Por ejemplo, hay personas que siguen atadas a una frase que alguien les dijo hace cuarenta años, y esa frase que los hirió o los ofendió sigue robándoles la paz y la alegría.

- *El pensamiento limitante.* Nuestra mente puede construir imágenes limitantes que nos detienen, haciéndonos creer que no somos merecedores del éxito. Pueden ser creadas por nosotros mismos o ser consecuencia de la imagen que otros tenían de nosotros.

- *La carencia.* Es la creencia de que la falta de recursos nos impide alcanzar cosas: no tengo dinero, no tengo coche, no tengo salud, por eso no puedo perseguir mi objetivo.

- *El logro.* Aunque pueda parecer raro, a veces lo que ya tenemos nos frena. Lo que logré, lo que alcancé, crea una zona de confort. Esa comodidad es el peor enemigo para ir en pos de la meta más grande. La meta más grande no es el dinero ni la salud: es decir no a las limitaciones y desarrollar todo nuestro potencial.

Cuando otorgas poder a ese recuerdo del pasado, a esa carencia, a esa obsesión, a ese pensamiento limitante, te sientes impotente, olvidas que eres dueño de un enorme potencial. No permitas que esas imágenes negativas tengan más poder que tú.

4. LO MEJOR DE MÍ

Tal vez alguien te fijó un límite, te dijo hasta dónde podías llegar. Pero tú no eres un automóvil que tiene una velocidad máxima. Tienes un potencial que solo espera ser liberado, estás en un proceso de crecimiento continuo. Destierra de tu mente al que te invalidó y le puso un techo a tu desarrollo. Desarrolla al máximo tus habilidades para ir siempre a más. Un atleta olímpico no se conforma con igualar el ré-cord de la Olimpiada anterior, sino que aspira a establecer un nuevo récord. Y, año tras año, los récords se superan. Esto significa que cuando una persona rompe un récord no lo hace solo para sí misma, sino que deja un legado para to-dos los que vienen después.

Emprende con optimismo el camino para alcanzar tus metas. La gente optimista no niega la realidad, no vive en un mundo de fantasía, ve la realidad pero sabe que su futuro, su lugar de llegada, no es donde hoy se encuentra. Sé optimista con inteligencia, sabiendo que tienes dentro una fuerza que te impulsará a mejorar si aprendes a aplicarla correctamente en cada área de tu vida. Sabiendo que dentro de ti hay un potencial que te moverá de tu situación actual a una mucho mejor.

Desarrolla el autodominio; cuando tengas que romper tu techo no te enojes más que contigo mismo y con la situa-ción que no aceptas y no quieres para tu vida. Y al hacerlo descubre que en tu interior hay un potencial, coraje, valor, fuerzas para generar el cambio que estás necesitando. La actitud que nos permitirá ver el panorama completo y elegir la mejor manera de actuar.

Cada vez que tengas delante una puerta cerrada, es hora de romper tu techo, tienes que superar tus marcas, tu pro-pio límite. No tienes que pelear con nadie, no tienes que entristecerte, no tienes que enfadarte. Tienes que salir a buscar tu sueño y, si te molestan, ¡no te quejes, no te lamen-tes!, porque si lo haces no podrás concentrarte en tu objeti-vo. No malgastes ni un segundo tu fe dedicándola a quienes intentan bloquearte o lastimarte, usa ese tiempo a tu favor. Concéntrate en mejorarte, en superarte. Activa tu potencial día a día. Concentra tu fe en ti mismo y saldrás por esa puer-ta con el éxito en la mano.

17

CONSTRUYE TU ÉXITO

1. ¿QUÉ ES EL ÉXITO?

Es obtener el resultado que te propones.
Es alcanzar una meta.
Es hacer realidad un sueño.

Hay cosas que no se ven con los ojos sino con el corazón. En la inauguración de un parque temático de Disneyworld, el alcalde de Florida lamentó que Walt Disney hubiera muerto sin verlo y la esposa le dijo: «Lo vio, siempre lo vio.»

Entrena tu mente así como entrenas tu cuerpo, para que cada vez que juegues seas el favorito en tu propia mente, para sentir que eres el mejor y el ganador.

Cada persona sabe cuál es el resultado que busca, la meta que se propone alcanzar, los sueños que desea ver hechos realidad. Algunos quieren crear una empresa próspera, esa es su meta. Para otros es estudiar una carrera y convertirse en profesionales. En todos los casos, el éxito es la concreción de un proyecto. Y para concretarlo, es necesario tener claro cuáles son las metas que alcanzar —las propias y las colectivas— y saber dar los pasos para conseguirlas.

¿Trabajas para comer y comes para trabajar? ¿Trabajas para vivir y vives para trabajar? Vivir por nada es terrible. Busca motivación y objetivos espirituales, cualquiera que sea tu trabajo.

Recuerda que:

- Disney no se proponía simplemente entretener, quería hacer felices a las personas.
- Los primeros fabricantes de teléfonos móviles no solo querían producir una tecnología novedosa, soñaban con hacer posible la comunicación en el mundo.
- La Madre Teresa de Calcuta no limpiaba leprosos, servía a Cristo. Sabía que todas las tareas, incluso las que parecen menos importantes, sirven a Dios.

Todo lo que puedes usar en beneficio de los demás es «tu semilla», aquello que puedes sembrar en otras personas. Y todo lo que te beneficia a ti es «tu cosecha», aquello que recibirás tarde o temprano por haber sembrado antes.

2. VIVE EN POSITIVO

Una persona eficaz siempre tiene una actitud positiva. ¿Por qué? Porque sabe que ser negativo daña, en primer lugar, su salud. Produce deterioro físico y puede llegar a causar enfermedades crónicas. Incluso puede reducir la expectativa de vida. También sabe que ser negativo afecta la vida laboral y profesional, ya que baja el rendimiento y hace que sea mucho más difícil alcanzar las metas.

No se trata de ignorar lo negativo, sino de verlo y corregirlo, pero expresar lo positivo.

Si solo veo lo negativo, no hago nada. Si solo veo lo positivo, no tomo precauciones. Entonces, es necesario reconocer lo bueno y lo malo, pero siempre con una actitud positiva. No se trata de negar la realidad sino de distinguir, analizar, valorar adecuadamente y elegir la mejor opción incluso en las circunstancias más difíciles: cuando un soldado oye que el enemigo se acerca, piensa cómo enfrentarse a él y cree que tiene fuerzas para vencerlo.

No desees ser otra persona, no te compares con nadie. Simplemente administra aquello que Dios te ha dado usándolo para beneficio de otros. Como decía Martin Luther King: «Si eres barrendero, barre con la misma excelencia con que pintaba Miguel Ángel o componía Beethoven.»

Una persona con una actitud positiva construye el éxito en su vida. Quien no lo construye por sí mismo, no será capaz de disfrutar sus logros. Una persona que viene de abajo y de repente comienza a tener éxito sin haberlo buscado, no sabe qué hacer. No se preparó para esa nueva realidad y no está a la altura de las circunstancias. No construyó el éxito, se lo construyeron otros y eso tiene un costo.

El éxito tiene que ser una construcción personal y no algo heredado. Todos nacemos con ciertas aptitudes pero el éxito se construye con esfuerzo.

Cuando estás preparado para recibir lo nuevo, cuando trabajas en tu carácter y eres más grande que tus logros, el éxito es «la guinda del pastel». Entonces eres capaz de disfrutar de todo y no te crees superior ni mejor que los demás. Puedes manejar dinero, fama, poder y tienes bien claro qué hacer con tu vida.

3. ¿ÉXITO O FAMA?

Muy diferente del éxito es la fama, que consiste en el reconocimiento social, no siempre colectivo, y es algo que no se puede manejar.

El estado de exposición, cuando todo el mundo opina de nosotros, nos hace sentir vulnerables. En esos casos, es bueno preguntarse qué nos motiva:

¿El éxito o la fama?

¿Lo propio o los demás?

Si te motiva lo que hacen otras personas, te mueve la fama. Si te motiva lo que tú mismo eres capaz de producir, te mueve el éxito.

Es posible experimentar:

- Éxito sin fama.
- Éxito con fama.
- Fama sin éxito.

Cuando tu motor es la fama, no estás haciendo tu propia construcción y tu fuente de inspiración depende de la voluntad y la mirada del otro. Para muchos modelos, músicos, actores, etc., lo importante no es lo que ellos producen, sino que encuentran su satisfacción en lo que otros les devuelven. Pero:

Solo cuando te motiva tu éxito puedes disfrutar la fama.

Si a un pintor lo motiva el deseo de pintar, que luego alguien elogie su cuadro o lo critique no le cambiará nada.

Un actor que quiere ser bueno en lo que hace pero está pendiente de la opinión ajena se halla condicionado por el entorno; en consecuencia, su fuente de satisfacción siempre provendrá del exterior, porque sucumbió a la mirada del otro.

Cuando sucumbimos a la mirada ajena, perdemos autonomía. Por el contrario, si estamos satisfechos con nuestra labor, la opinión del otro será solamente una opinión.

Cuando una persona se maneja por la mirada social, si la devolución del otro es buena se siente «grande». Necesita mostrar constantemente lo mejor de sí mismo porque la devolución positiva es lo que lo afirma y le permite creer que es «el jefe».

No dependas de la mirada externa, que es, en definitiva, un fantasma que nosotros mismos construimos pero no nos permite disfrutar del éxito, de aquello que logramos.

Tampoco caigas en la falsa humildad. En el fondo eso es narcisismo, tal vez con una vuelta más sofisticada. Algunas personas hablan mal de su desempeño para que el otro les diga: «No digas eso, ha sido un gran éxito.» Quieren que les digan que lo han hecho bien y si alguien opina lo contrario, se enojan.

Las personas con falsa humildad no valoran sus logros y entre sus parámetros no está el éxito. ¿Dónde ponen el foco? En el otro. Y eso es envidia. ¿Ahora tienes más responsabilidad y te sientes presionado por la mirada de tus superiores? Recuerda que si estás donde estás es porque esa mirada permitió que llegaras. Fue el otro, tu superior, quien te colocó en esa posición, quien te valida de alguna manera y te asigna un lugar. Por eso, no pienses cómo satisfacer a esas personas, sino en lo que hiciste para llegar ahí y en lo que necesitas seguir haciendo. Concéntrate en tu recorrido, porque eso es precisamente lo que ellos vieron. Y esfuérzate cada día para construir relaciones sociales.

El doctor Orville Gilbert Brim, autor del libro *¡Míren-me!*, afirma:

> *La urgencia de alcanzar reconocimiento social se presenta en la mayoría de las personas, incluso en aquellas para quienes no es accesible, y sus raíces pueden estar en sentimientos de rechazo, descuido o abandono. Los que buscan ansiosamente fama lo hacen por el deseo de aceptación social, por encontrar algún tipo de seguridad existencial. La fama parece ser un bálsamo para la herida que deja la exclusión social.*

La fama hace que el famoso se sienta «distinto»: no pertenece a la masa, no necesita presentación porque ya es conocido, tiene una identidad distinta.

A diferencia de la fama, el éxito no implica popularidad ni prestigio, sino que consiste en alcanzar nuestros sueños, porque fuimos creados con metas y objetivos y un potencial ilimitado para alcanzarlos.

Si no has identificado cuál es tu propósito, tu supremo llamamiento, tu razón de vivir, no lograrás el éxito. Pero cuando tu espíritu identifica tu misión en la vida, todo tu ser cobra energía.

El verdadero éxito es estar bien con uno mismo. Dios quiere que estés bien contigo mismo, que te ames y te respetes, porque si tienes paz por dentro, ¡tendrás paz fuera y contagiarás a todo el mundo!

Fama es que la gente guste de ti.

Éxito es que gustes de ti mismo.

4. A PASO SOSTENIDO

La gente de éxito va a más cada día sabiendo que las habilidades, las ideas, la fe, la fuerza, la inteligencia, todo está en su interior. Libérate de cualquier esquema o pensamiento que te limite y utiliza todo lo que tienes en tu interior para poner en práctica estos hábitos exitosos:

- **Dirige tu atención a lo valioso.** Donde pongas tu atención estará tu éxito. Enfocarte en lo grande, en las cosas importantes que te propones conquistar te llenará de fe, pasión y energía. Hará de ti una persona «inspirada», es decir, tu sueño entrará en tu espíritu y nadie podrá detenerte. Tal vez pienses: «Si supieras cuántas veces he fracasado...» Pero tienes que saber que el fracaso no puede frenarte. Siempre puedes volver a levantarte y revertir los errores.
  La evidencia demuestra que: Fracaso + fracaso + fracaso = éxito.
  Un mentor me dijo una vez que «el fracaso es matemática». Si un vendedor quiere conseguir cinco compradores y después de intentar con veinte personas solo una le compra, no tiene que desanimarse. Ha de saber que para lograr su objetivo tendrá que intentarlo con cien personas. No se trata de fracaso sino de estadística.

- **Usa los tesoros de tu pasado.** Cuando te encuentres en una situación difícil piensa en un triunfo que hayas logrado, cómo lo hiciste, cómo hablaste, cómo te comportaste. Incorpóralo en tu mente, recupera ese logro, vence el temor y convierte esa actitud en un hábito.

- **Autoafírmate.** Habla bien de ti mismo cada día. No desmerezcas tus logros. En vez de decir «Mis notas no eran malas, me fue bien porque tuve suerte», tienes que decir: «Mis notas eran buenas y lo merecía, porque lo daba todo al máximo.» Esto no significa maltratar a los otros, sino tratarte bien a ti mismo.

- **Sé proactivo.** Aléjate de la gente incorrecta, que alimenta tu debilidad, de los que no gozan con tu alegría y con tu sueño, de los que no aprecian tu pasión. No permitas que los negativos y los cuestionadores te hipnoticen y pongan en duda tus objetivos. Busca a la gente correcta, inspírate de los que lograron más que tú. Acércate a los grandes.

Deja de hacer lo que no te trae resultados. Elige nuevas actitudes que te acercarán a la cima. Acepta el gran desafío de cambiar de mentalidad para poder modificar tus conductas y así llevar a cabo las acciones que construirán tu éxito, teniendo siempre en cuenta que:

Tener éxito no implica ser famoso.
Tener éxito es una decisión personal.
Tener éxito es no rendirte, no renunciar, ser leal a tu sueño.

18

LLÉVATE BIEN CON LOS DEMÁS

1. LO SEMEJANTE SE ATRAE

Dime con quién andas... y te diré adónde llegarás.

La ley de la asociación dice que lo semejante se atrae: si te juntas con sabios, serás sabio. Si te juntas con necios, serás necio y desperdiciarás un valioso tiempo de tu vida. Procura relacionarte con gente nueva, con todos los que puedas, pero no regales tu tiempo a cualquiera. Ten presente que puedes encontrarte con dos clases de personas:

- Las que solo usan lo que tienes sin dar nada a cambio, que se benefician gracias a ti y no te aportan nada.

- Las que traerán a tu vida una conexión y una provisión que te acercará a tu meta.

Únete a los que te agregan sueños, valor y pasión. Júntate con gente creativa que estimule tu creatividad. Trata a los demás con respeto y serás respetado. Busca personas íntegras y sinceras, con quienes puedas establecer relaciones de mutua confianza. Construye puentes que te conecten con ellas.

Encuentra puntos en común: lo semejante atrae a lo semejante. Alégrate de que al otro le vaya bien. Celebra los ascensos de tus pares en el trabajo, las asignaturas aprobadas de tus compañeros de estudios, los éxitos económicos de tus amigos. Todo lo que celebres del otro es lo que vendrá a tu vida. Si festejas sus alegrías, anticipas lo que pronto estarás festejando en tu propia vida:

Ayuda a otros a triunfar. Todo lo que hagas por los demás vendrá a tu vida multiplicado. Todo lo que festejes en el otro lo celebrarás tú mismo en tu vida. Lo que decidiste soñar y concretar en tu vida será lo que atraigas. La ley de la asociación proporciona la sabiduría para usar tus contactos en beneficio de tus proyectos y tus logros. Tus conexiones dependerán de tus expectativas: los pobres llaman a los pobres y los ricos a los ricos. Cada uno se liga con el que es similar: los críticos van juntos, los artistas también. Si eres un visionario, un soñador, otros soñadores estarán contigo. Serán tus conexiones de oro, preparadas y dispuestas para llevarte hacia la cima.

2. RELACIONES SANAS

Cada persona es responsable de liderar su vida, su sueño, su proyecto en el ámbito laboral y en el mundo emocional, en la vida privada. La mayoría de las veces nos quejamos de que los problemas que encontramos para relacionarnos están en el exterior, en el mundo, en el otro. Pero en vez de buscar culpas en los demás tenemos que mirar hacia dentro, investigar qué hay en nuestro interior. Para crear buenas relaciones interpersonales es necesario tener una mentalidad optimista, una satisfacción con lo que somos y hacemos.

Si tienes autodominio y responsabilidad, podrás hacerte cargo de tu situación. Ello te permitirá conectar positivamente con el otro desde tus competencias y con humildad. Dejemos de buscar excusas: si no prosperamos, la responsabilidad no es del presidente o del ministro de Economía. Preguntémonos qué hemos hecho para lograrlo. A partir de ese reconocimiento nos amigaremos con el mundo y con los demás, además de generar nuevas oportunidades.

Vence la timidez, desarrolla la habilidad de relacionarte con la gente. Utiliza tu energía para construir relaciones sanas: no discutas, no compitas. Sonríe, sé amable y educado con todos. No hables tanto de ti, sé considerado e interésate más por la vida de los demás.

La gente que sabe establecer conexiones sanas siempre llega a la cima. Si te enojas, que sea solo contigo mismo o con la situación que no aceptas, y descubre que en tu interior hay potencial para generar el cambio que deseas. Aprende a invertir tu tiempo en relaciones sanas.

Una persona de éxito entiende que, para realizar sus proyectos y alcanzar sus metas, la inteligencia o los talentos son importantes pero no suficientes. La capacidad y el carácter no actúan por separado, tienen que ir juntos. La acumulación siempre trae más acumulación y, por lo tanto, trae fruto.

3. CONEXIONES QUE ABREN PUERTAS

Todo en la vida se funda en relaciones personales. A lo largo de todo el día nos relacionamos con otros: para tener amigos, para encontrar pareja, para formar una familia, en nuestro trabajo... En cualquier ámbito es fundamental establecer relaciones interpersonales.

Si te licenciaste *cum laude* en la facultad pero no eres un diez en tu forma de relacionarte con otros, tu red de conexiones va a ser limitada y también lo serán tus resultados. Si sabes conectar con los demás, llevarte bien con la gente, alcanzarás tus metas.

Las personas que triunfan comprenden el poder que tienen las relaciones, por eso desarrollan constantemente nuevos vínculos. Saben que a medida que conocen más gente, mayores son sus posibilidades de establecer relaciones fructíferas, que las ayuden a acercarse a sus logros. Esas relaciones son conexiones de oro, las que favorecen el logro de nuestros objetivos y nos permiten evolucionar.

Una conexión de oro es una persona que tiene llaves para abrirte puertas que tú no puedes abrir. Por lo general esa persona es un desconocido. Por eso es fundamental aprender a tratar bien a la gente, porque ese desconocido conoce a una persona que conoce a otra, que a su vez conoce a otra... y así llegarás a quien pueda abrirte la puerta que estás esperando abrir.

Veamos qué actitudes fundamentales tienes que aplicar con inteligencia para que tus relaciones sean cada vez mejores y más duraderas:

1. Dar validación

Cuando expresamos un elogio o pronunciamos una palabra de aliento, establecemos con el otro una conexión empática que lo hace más receptivo. El elogio sincero es una validación. No se trata de adular para caer bien, sino de elogiar con inteligencia: descubrir una actitud, una cualidad buena en el otro y decírselo. Las personas están acostumbradas a que siempre les señalen los defectos. Por eso el hecho de destacar las virtudes y las capacidades genera empatía. Si descubrimos una virtud en el momento en que conocemos a una persona y lo expresamos, generaremos una impresión positiva que favorecerá la relación futura.

¿Recuerdas cómo te sentiste en las ocasiones en que alguien te criticó? ¿Y qué experimentaste cuando te elogiaron, cuando recibiste una palabra de validación y de estímulo?

Cuando un niño le muestra a su padre su primer dibujo, seguramente el padre lo mirará sin entender qué ha dibujado. Y frente a esa situación puede responder de dos maneras. Puede decir: «¡No entiendo! ¿Qué es?», o bien decir: «¡Qué bonito te ha quedado!» La descalificación o la validación serán decisivas para determinar la clase de relación que establezcan padre e hijo.

La crítica sistemática aleja a las personas, mientras que el elogio inteligente las acerca. Si sabemos expresar en palabras las virtudes del otro haremos conexiones de oro.

2. Ser optimista

Sé optimista, con inteligencia. Optimista no es la persona que niega la realidad, sino la que sabe que su futuro, su lugar de llegada, no es el punto donde ahora se encuentra. Optimismo es saber que tienes dentro un potencial que te llevará del lugar donde estás a otro mejor, que siempre habrá alguien que pueda tenderte una mano para ayudarte a sacar lo mejor de ti.

Mira el mañana con optimismo y siembra para tu futuro: si ayudas y eres un elemento de conexión para otros, en señal de gratitud te recompensarán. Cada vez que ayudes a otro a acercarse a su meta aumenta la probabilidad de que esa persona te abra una puerta y te dé una idea que te acerque a la consecución de tu meta. Recuerda que ayudar no es: «Voy a hipotecar mi casa por ti» o «Me voy a sacrificar para que estés bien». Ayudar es tender un puente para que el otro alcance su sueño. Si somos capaces de tender puentes, a través de ellos podremos dar y podremos recibir.

3. Saber escuchar

En determinados momentos, las personas no necesitan consejos u opiniones. Necesitan ser escuchadas. Cuando percibimos que alguien no está en su mejor día, digámosle: «¿Quieres contarme lo que te pasa?» Escuchemos y evitemos contar que a nosotros nos pasa algo mucho peor. Estemos atentos a lo que el otro quiere y necesita decir sin emitir juicios y acompañemos la escucha con gestos y actitud corporal de validación.

Es muy importante que no hagamos suposiciones. Sobre todo, porque con frecuencia damos por ciertas esas suposiciones. Por ejemplo, hacemos suposiciones sobre lo que los demás piensan y después los culpamos por no haber sido claros. Damos por verdadero aquello que suponemos y, en lugar de alcanzar una solución o un resultado, nos creamos problemas.

Si vemos lo que queremos ver y oímos lo que queremos oír no percibimos las cosas tal como son: las inventamos en nuestra mente. Es común que en cualquier tipo de relación supongamos que los demás saben lo que pensamos, porque nos conocen, y que no es necesario que digamos lo que queremos. Y entonces, si los otros no hacen lo que esperábamos, nos sentimos defraudados.

Por otra parte, también ocurre que cuando no entendemos algo que otros dicen o sienten, en lugar de preguntar emitimos una suposición sobre su significado, que en general no coincide con la realidad. La solución es sencilla: no dar por sentado y preguntar. Si nos hacemos las preguntas a nosotros mismos, y nosotros mismos nos damos la respuesta, es muy probable que nos equivoquemos. No hagamos interpretaciones, preguntemos y escuchemos al otro.

4. Ser tolerante

En un mundo donde la gente pierde la paciencia a la primera dificultad, donde un conflicto no motiva a pensar en un acuerdo sino a presentar una demanda, necesitamos aprender a llevarnos bien con los demás, con nuestros pares, con nuestra familia, con nuestros amigos.

Fuimos creados seres libres, de modo que no tenemos que dominar a otras personas, solo hemos de dominarnos a nosotros mismos. Aprendamos a llevarnos bien con la gente, ¡desarrollemos nuestra voluntad! Cuando la voluntad está por encima de la impulsividad adquirimos la habilidad de relacionarnos eficazmente incluso con quienes no piensan como nosotros, aquellos que tienen una manera distinta de ver la vida y no están de acuerdo con nuestras creencias.

El primer paso, no obstante, es llevarnos bien con nosotros mismos, respetar nuestra individualidad tanto como la de los demás. Si nos concedemos el derecho a ser quien verdaderamente somos podemos respetar a los demás y establecer con ellos relaciones sanas y productivas.

La manera en que nos comuniquemos será determinante

para nuestras relaciones. Si infundimos optimismo y brindamos respeto, obtendremos lo mismo. Cuando aprendamos a relacionarnos eficazmente tendremos menos problemas emocionales, familiares, laborales y seremos cada día más felices.

19

SABE PEDIR Y SABE DAR

1. HABLEMOS CLARO

En cualquier tipo de relación, es frecuente que supongamos que no es necesario decir lo que queremos porque los demás saben lo que pensamos. Y entonces, porque nos conocen, harán exactamente lo que nosotros esperamos que hagan. Si eso no ocurre, nos sentimos defraudados. Nos preguntamos: «¿Cómo es posible que haya hecho algo así? ¿Por qué dijo eso? Habla como si no me conociera.» Y así, las suposiciones, los juicios y las emociones que derivan de ellos van creando una situación tensa.

También ocurre que cuando oímos algo y no lo entendemos, elaboramos una teoría para asignarle un significado y después la damos por cierta. Todo esto sucede porque no tenemos el valor de preguntar. Si las preguntas nos las hacemos a nosotros mismos y nos las contestamos desde nuestras propias opiniones y emociones, es probable que nos equivoquemos. No demos nada por sentado. No hagamos

interpretaciones ni suposiciones. Preguntemos y escuchemos la respuesta.

Si no entiendes algo, no supongas. Lo mejor es preguntar y ser claro al hacerlo. Si te comunicas con habilidad tus
relaciones serán más satisfactorias.

2. SABER PEDIR

Con la misma sencillez tenemos que pedir lo que queremos. Al igual que tú tienes derecho a pedir, la persona a
quien te hayas dirigido tiene derecho a contestarte «sí» o
«no». Del mismo modo, todo el mundo tiene derecho a hacerte pedidos y tú tienes derecho a decirles que «sí» o que
«no».

Cualquiera que sea la posición que ocupemos en la vida
en un determinado momento, es necesario que aprendamos
a pedir. Aprendamos a ser claros. Seamos explícitos por demás si es necesario, para que el otro sepa con certeza qué
esperamos.

Son muchas las personas que no saben o no quieren pedir por diversos motivos. A veces porque les da vergüenza.
En particular, cuando alguien ocupa una posición de liderazgo y tiene una relación de afecto muy cercana con su grupo, puede pensar: «¿Qué van a decir si les pido que lo hagan
ellos? ¿Creerán que abuso? Si yo lo puedo hacer...» Hay
personas a las que les cuesta pedir colaboración porque no
quieren molestar, porque piensan que no es oportuno, que
ellos mismos lo pueden hacer. Pero no solo eso, tampoco
pueden solicitar un aumento de sueldo para ellos porque temen: «¿Y si a mi jefe no le cae bien y se enoja?»

Detrás de ese «no pedir» o «no delegar» hay un sentido
de omnipotencia. Esa actitud equivale a decir: «Gracias,

puedo solo.» En una ocasión, una persona me contó que durante toda su vida había ayudado a todo el mundo, que hizo todo lo que pudo por sus seres cercanos. Era la que siempre estaba dispuesta a ayudar cuando la necesitaban. No podía decir que no, y cuando lo hacía se sentía culpable. A veces ni siquiera era necesario que se lo pidieran, ella misma se ofrecía. Pero en su afán por complacer a todos al cabo de unos años cayó enferma. A pesar de toda la ayuda que ella había dado, no era capaz de pedir ayuda con palabras. Pero su cuerpo sí la estaba pidiendo a través de la enfermedad.

¿Es necesario enfermar para descansar o para pedir ayuda a los demás? Para mucha gente, sí. No se dan permiso para no hacer nada. En este caso, la omnipotencia es del estilo: «A mí no me va a pasar» o «Yo puedo aguantar»..., hasta que esta actitud termina causando un grave problema a su salud.

Algunas personas necesitan más coraje para pedir ayuda que para darla. Es necesario ser fuerte, pero parte de esa fortaleza consiste en reconocer que somos humanos y pedir ayuda.

Lo peor es que cuando este tipo de personas necesita ayuda difícilmente va a obtenerla, porque todos se han acostumbrado a que sean un puntal donde apoyar el peso, y de un día para otro se convierte en una carga.

Recordemos que nadie puede dar lo que no tiene, y para estar en condiciones de dar la persona a quien debemos amar, cuidar y respetar en primer lugar es a nosotros mismos.

Esto también ocurre en el trabajo. Muchas veces una persona siente que tiene que ocuparse de todo porque «los demás no se hacen responsables». Y, por supuesto, se carga de tareas en exceso en vez de preguntarse: «¿He formado a estas personas para que desarrollen su responsabilidad?» Si está sobrecargada de trabajo, es porque no supo delegar.

Si las personas que están en una posición de liderazgo son inseguras, tienen miedo de ser reemplazadas cuando menos lo esperan. Para sentirse valorados necesitan creer que son imprescindibles, por eso no alientan el crecimiento de sus colaboradores. Y así se convierten en imprescindibles para lo secundario. Porque en el afán de hacer lo visible a corto plazo pierden de vista el objetivo a largo plazo.

Hay personas que no piden. Y otras que piden siempre. De un lado de la moneda está la omnipotencia que impide pedir. Del otro lado de la moneda, en realidad está la inseguridad. Por ejemplo, si alguien nos dice: «Págame el café, que tú ganas tres veces más que yo», es porque no ve su capacidad para poder generar un ingreso mayor.

A veces pedimos por capricho o con capricho, le ponemos «al pedir» el acento de la obligación, de las indirectas, de la agresión, y así es como «no recibimos». No recibimos porque pedimos mal.

Si cuando damos esperamos algo del otro, aprendamos a decirle: «Te estoy dando esto, pero a cambio espero algo de ti.» Por ejemplo: «He trabajado gratis tantas horas que al menos quería un reconocimiento.» Al explicar lo que estamos esperando evitaremos frustrarnos.

Hay poder en dar y en pedir. Una persona sana pide y también da. No es omnipotente ni temerosa.

3. SABER DAR Y RECIBIR

Todos necesitamos entrar en el juego del dar y del pedir para recibir. Quien siempre da se cree omnipotente, y quien siempre pide es un eterno niño temeroso, dependiente, que necesita que lo cuiden. Si aprendemos que la vida es dar y es pedir y aprendemos a expresarlo, nuestra vida va a funcionar mejor.

Cada vez que damos, que invertimos en el otro, vendrá la cosecha, el tiempo de la recompensa. Toda acción que llevamos a cabo es una semilla que se va acumulando en nuestra cuenta con saldo a nuestro favor. Lo que hacemos no es en vano. Quizá de momento no veas el resultado del «dar», pero a su tiempo cosecharás. Nunca te canses de dar ni de hacer el bien a cuantos puedas. Nunca dejes de ayudar a crecer a tu compañero de equipo. Siempre que das, te vacías y estás listo para volver a llenarte con un aprendizaje nuevo que se sumará a lo que ya sabías. En la vida siempre hay un «de repente». Todo lo que hayas hecho se activará a tu favor y «de repente» cosecharás lo que hayas sembrado día a día con cada acción de dar.

Da sin miedo a quedar vacío. Es más, este es un concepto que mucha gente del mundo de las finanzas tiene en cuenta. Allí, al dar, se activa un principio espiritual que dice: *Al que tiene, se le dará más, y tendrá en abundancia.**

> *Cuando aprendo a ver que tengo poder*
> *pero que tengo temor, cuando veo las dos caras*
> *de la moneda, puedo pedir y puedo dar.*

Debemos aprender que tenemos un lado de poder o de omnipotencia, pero también un lado de temor. *Puedo pedir y puedo dar.*

Sepamos pedir y dar sanamente. Hay personas que, cuando les pides algo, te dan otra cosa que nada tiene que

* Mateo 13, 12.

ver con lo que les solicitaste. Personas controladoras, manipuladoras que con la devolución te entregan este mensaje: «Te doy lo que yo quiero y no lo que me pediste», «Te doy lo que quiero porque aquí mando yo».

Otras personas dan y esperan algo a cambio, pero no lo expresan en palabras. Por ejemplo, si en una ocasión un amigo te invita a un restaurante y decide pagar la cena, es probable que al siguiente fin de semana espere que tú lo invites y pagues, porque considera que hay una «deuda social». Pero es posible que tú no te sientas en deuda emocional. Si damos algo, no esperemos a cambio gratitud o cariño, eso no se compra. Hagámoslo simplemente porque nos sentimos felices, sin esperar la devolución.

No te canses de dar. Sea cual fuere tu lugar en la vida, tu posición en el liderazgo, no dejes de dar: potencial, conocimiento, crecimiento, motivación. Todo lo que seas capaz de dar no solo te será devuelto, sino que se convertirá en una herencia y un legado que habrás dejado a los otros.

20

GENERA MOTIVACIÓN

1. El entusiasmo trae entusiasmo

Para algunas personas, *las pasiones de su vida son su manera de vivir.* Son seres que transmiten entusiasmo, energía y pasión en todo lo que hacen. Quien genera estímulo es alguien capaz de cambiar la atmósfera negativa del lugar en que se encuentra por un ambiente positivo, agradable y estimulante. Sabe que cuando la gente está motivada se siente mucho mejor, y así su desempeño es óptimo, lo que a su vez también produce un rendimiento óptimo.

Existen empresas o trabajos de alto nivel organizativo llenos de empleados desmotivados, donde los resultados se obtienen a través de la queja. El 70 por ciento de las quejas en el ámbito laboral tiene que ver con el maltrato y la desmotivación que viven a diario las personas que trabajan allí.

Evitemos conscientemente esa actitud: no nos ubiquemos ni debajo ni por encima del otro. *Pongámonos al lado de la gente.* Hablemos el mismo lenguaje que los demás.

Emplear el mismo lenguaje establece una fuerte conexión con quienes nos rodean.

La motivación genera ideas, y a su vez las ideas nuevas generan otras. Las personas que viven motivadas todo el tiempo proponen hacer cosas innovadoras, proyectan, aportan ideas y suman creatividad al equipo.

2. ¿CÓMO ES EL LÍDER MOTIVADOR?

Es importante saber que poner en práctica una técnica de motivación no es lo mismo que desarrollar una personalidad motivadora. Para lograrlo debes saber que la empatía es motivadora. ¿Qué es la empatía? Es conectarse con el otro comprendiendo sus necesidades, es «ponerse en los zapatos del otro».

Veamos algunas de las actitudes empáticas que adopta el líder motivador:

- **Sonríe.** Cuando una persona llega sonriente está transmitiendo dos mensajes poderosos: «No soy agresivo» y «¡Me alegra estar contigo!». Y la alegría es en sí misma motivadora.

  La sonrisa tiene también otro poder: resulta contagiosa. Recuerdo a un muchacho que tenía paranoia y cuando había de entrar en un lugar decía: «¡Ahí todos me persiguen!» Le dije que tenía que entrar sonriendo, porque la sonrisa era un poder espiritual; cuando la gente lo viera sonriendo se preguntaría: «¿De qué se ríe este muchacho?», y terminaría riéndose con él. De esta manera, el joven descubrió que la gente podía tratarlo bien y ya no tuvo enemigos.

- **Elogia.** Detectar las virtudes que las personas tienen y que quizá no saben que tienen y expresarlo en un elogio sincero levanta la estima del otro y genera un clima favorable. ¡El elogio abre puertas y engrandece!

- **Deja que el otro sea el protagonista.** La gente narcisista siempre dice: «Porque yo...», «A mí...». El narcisismo no fomenta la empatía. Hablar de los temas que interesan al otro predispone a esa persona a escuchar lo que es importante para nosotros. Por ejemplo, quien tiene un hijo adolescente, debe hablarle de lo que a él le interesa para que después él escuche lo que el padre o la madre quieren decirle.
  Dice Stephen Covey: «Trata a tus empleados como quisieras que ellos trataran a tus mejores clientes, y lo harán cuando tú no estés presente.» ¡Recuerda que el otro siempre tiene que ser el protagonista!

- **Establece contacto visual.** La mirada tiene un gran poder de comunicación. El ser humano es el único mamífero que cuando da de mamar, mira a los ojos, establece contacto visual. Ningún animal mira a los ojos a su cría. Es frecuente escuchar la demanda: «Mírame, te estoy hablando.» Significa que no solo tenemos que poner a disposición del otro nuestros oídos, sino nuestros ojos, teniendo siempre en cuenta que nuestra mirada no debe ser insistente, lo cual es señal de agresión, ni evasiva, porque es señal de timidez. La mirada debe ir y venir con naturalidad.

- **Encuentra puntos en común.** Tenemos que buscar las cosas que compartimos. A todos nos gusta la gente que es parecida a nosotros, por un motivo: porque si el otro tiene algo que tengo yo, entonces esa persona es buena. Si valoro en otro algo de lo que yo carezco, me estoy descalificando. Tal vez lo que tenemos en común es un deporte, la edad de los hijos, un viaje. Se trata de buscar qué nos conecta, cuál es el puente de la historia compartida, en vez de buscar las diferencias.

- **Usa el lenguaje no verbal.** Otro elemento importante es lo corporal, el cuerpo, el lenguaje no verbal. La actitud física también «habla»; no solo escuchamos palabras, también percibimos otros lenguajes.

  Shakespeare decía que todos somos oradores con la palabra y con el cuerpo. Tenemos que ser nosotros mismos, porque si la actitud del cuerpo contradice nuestras palabras, el mensaje será incoherente y perderemos credibilidad. Nuestra actitud corporal unida a nuestras palabras forma un mensaje que será poderoso cuanto más transparente y honesto.

  En el medio laboral o social, para que el mensaje sea efectivo, nuestra actitud corporal tiene que respetar el espacio privado en el que solo entran los seres más cercanos: la pareja, los hijos o los amigos íntimos. De lo contrario, el otro puede sentirse invadido.

3. MOTIVACIÓN RESPONSABLE

Es necesario tener presente que toda motivación acarrea presión. De modo que cuando un entrenador le dice a su equipo: «¡Vamos a ganar!», debe transmitir el estímulo de manera que el mensaje sea motivador. En eso consiste la motivación responsable.

Debemos tener presente que parte de la motivación responsable consiste en poner límites. Los límites claros proporcionan seguridad. Tanto en los primeros años como en la adolescencia y en la adultez, es beneficioso tener bien claro qué se puede y no se puede hacer.

Por ejemplo, cuando un hijo nos pregunta: «¿Puedo comer un pastel?», si la respuesta es: «Puedes comértelo todo» o «Nunca lo probarás», no existirá motivación. Pero si respondemos: «Puedes comer solo un trocito», estaremos marcando un límite claro. Y estaremos generando motivación.

¿Por qué hay peleas, mala atmosfera o desmotivación en el trabajo? Porque las personas necesitan saber qué tienen, qué pueden y qué no pueden hacer. Cuando el límite se difumina o no está claro, entonces comienzan los roces.

¿Cómo podemos motivar con responsabilidad cuando nos toca ocupar una posición de liderazgo? Veamos.

Con nuestro equipo de trabajo. Si unimos los sueños personales con el sueño del grupo y les mostramos que hay una conexión entre ambos, generaremos la motivación para alcanzarlos. Por ejemplo, un jugador de fútbol talentoso puede valer millones, pero si forma parte de un equipo campeón, siempre será aún más valioso. Unir la motivación individual con la del grupo es la clave del éxito.

Con nuestros empleados. Si sabemos situarlos en el puesto correcto, será suficiente motivación.

Con nuestros hijos. El ejemplo es fundamental. En los primeros años aprenden de lo que ven, de lo que perciben a su alrededor. Si los padres son ordenados, no tendrán que pedirle a su hijo que lo sea. Del mismo modo, si un hijo ve que sus padres leen o practican deportes, estará naturalmente motivado para ser lector y deportista. Esto se llama «contagio motivacional».

Por supuesto, dar seguridad es motivador para adultos y niños. Pero en especial en los primeros años de vida los niños están atentos a nuestra mirada, observan cómo reaccionamos a lo que hacen. Esa reacción tiene que darles seguridad. Decirles: «¡Muy bien!», «Eres muy capaz, sé que puedes hacerlo», «Estoy seguro de que lo has hecho muy bien», les permite desarrollar confianza en sí mismos. Si por el contrario lo que expresamos no da seguridad, si sanciona, entonces no generará motivación. Y como hemos dicho, si ponemos límites claros, les estaremos dando seguridad y, junto con ella, motivación.

Con la pareja. Cuando la pareja es verdaderamente «pareja», la motivación es mutua, ambos miembros se retroalimentan: yo motivo a mi esposa y ella me motiva a mí.

De lo contrario, uno termina «cargando» con el otro. Por ejemplo, si el esposo es el que constantemente está motivando a la mujer para que estudie, trabaje o se arregle, se convierte en algo así como un tractor, y la dinámica de la pareja dependerá siempre de su iniciativa. Cuando esto sucede, uno se cansa de empujar y el otro, de ser empujado. El resultado es que los dos se desmotivan.

4. AUTOMOTIVACIÓN

Todos necesitamos dos clases de motivación:

• La que nos damos uno al otro.
• La que tenemos de manera personal.

Ahora bien, ¿quién motiva al líder? Él mismo. La motivación no necesariamente tiene que ser externa. Empieza por motivarte internamente y serás capaz de motivar a los que te rodean. Serás una persona inspiradora para los demás. Como afirma Abraham H. Maslow: «No se puede elegir sabiamente una vida a menos que se atreva uno a escucharse a sí mismo, a su propio yo, en cada momento de la vida.»

La motivación externa es buena: un abrazo, una palabra de aliento, una caricia, siempre levanta el ánimo y devuelve las ganas de vivir. Pero la motivación interior es más poderosa aún.

La persona que aprende a automotivarse ya no necesitará que la alienten, ayuden, feliciten o acompañen. Colón no emprendió su viaje porque la reina le dijera: «¡Vamos, vamos, que tú puedes!», sino por su propia motivación. Hay una motivación que tiene que ver con uno mismo, y es el resultado de usar la propia imaginación y estar conectados con lo que nos apasiona.

Un líder que es capaz de responder estas preguntas:

¿Por qué nací?, y

¿para hacer qué cosas nací?,

sabe hacia dónde va dirigida su vida, es un líder seguro de sí mismo. Y solo quien tiene claro el propósito de su vida, sus metas y sus sueños será un líder capaz de generar empatía y motivar a los demás.

Motivación significa: «moverse hacia».

Motivar es acercar a la persona a la concreción de su propio sueño y el del equipo.

Motivar significa situar al otro como protagonista, como una pieza fundamental del trabajo que se debe realizar, no como un actor secundario.

Motivar es dar permiso al otro para crear, crecer, desarrollar y extenderse.

Motivar es transformar un «no se puede» en un «sí se puede».

Motivar es estar un paso delante de la carrera con el compromiso de transmitir un mensaje claro y estimulante: «Si yo llegué, tú también vas a llegar.»

21

VUELVE A JUGAR

1. ¿QUÉ NOS APORTA EL JUEGO A LOS ADULTOS?

El juego activa la imaginación. Einstein descubrió la teoría de la relatividad después de imaginar que conducía un tranvía a la velocidad de la luz. Él decía que la imaginación es más poderosa que la razón. ¿Sabes de dónde sacó Einstein su imaginación? Del juego, porque el juego es imaginación.

Isaac Asimov, bioquímico y famoso autor de obras de ciencia ficción y divulgación científica, decía que cuando hacía un descubrimiento no exclamaba «¡Eureka!», sino «¡Qué curioso es esto!». La curiosidad está ligada al juego, porque este permite activar la imaginación que luego nos va a servir para resolver grandes problemas. Los animales juegan entre ellos a la guerra y así aprenden destrezas que luego usarán para defenderse de otros depredadores.

Si preguntamos a una persona: «¿Cómo te imaginas dentro de cinco años?», es probable que responda: «No lo sé, nunca se me ha ocurrido pensarlo.» Esto se debe a que muchos de nosotros no hemos activado nuestra imaginación por falta de juego. Dicen los investigadores que el juego no es enemigo del aprendizaje, sino su aliado. El juego funciona como un fertilizante para el cerebro, estimula las conexiones neuronales.

Como ves, el juego es un momento, un tiempo que no solo nos divierte, sino que nos motiva, nos estimula, nos incentiva a crear mucho más fácilmente. Nos distiende, nos saca de la rutina y nos permite conectar con esa parte de nuestra infancia que tanto placer nos daba. Por eso, para el bien de su psique, de su creatividad, de sus pensamientos y de su trabajo diario, todo líder necesita una cuota de juego. No tengamos miedo a ser desestimados por jugar, el juego forma parte de la vida misma.

¿Por qué jugamos cuando somos niños?

La tarea más importante del niño es jugar. Los neurólogos aseguran que el juego favorece el desarrollo del cerebro, ya que las conexiones neuronales se desarrollan principalmente durante la infancia. Cuando jugamos nos cargamos de energía. Mientras que hace algunos años hablábamos de la crisis de los cincuenta o del «nido vacío» —cuando los hijos abandonan el hogar—, hoy estamos hablando de la crisis de los veinte años. Y es que actualmente los jóvenes entran en crisis porque han perdido la capacidad de jugar. Según algunas investigaciones, las personas que pueden mantener el juego a lo largo de su vida no se enfrentan a este tipo de crisis.

El juego nos capacita para trabajar en equipo. Alguien que de niño ha aprendido a jugar con sus pares, de adulto puede llevar ese aprendizaje al ámbito laboral y es capaz de funcionar en un grupo.

2. RECORDEMOS UN POCO NUESTRA INFANCIA

¿Qué significaba el juego en esta etapa de nuestra vida? La esencia de la infancia es el juego. Dedicamos toda esta etapa a jugar. ¿Cómo era ese juego?

- Jugábamos espontáneamente. Nadie nos enseñó a jugar, nosotros mismos descubrimos lo que nos gustaba.
- El juego era distinto para cada uno. Unos niños preferían el deporte, otros la música y otros los chistes, el teatro, etc.

Muchas veces los padres nos esforzamos por comprar a nuestros hijos los juguetes más caros. Pero más importante que el juguete es el juego que el niño es capaz de organizar. Ocurre a veces que, por darles tantos juguetes a nuestros hijos, terminamos sobreestimulándolos, lo que lleva a que pierdan la capacidad de estructurar su propio juego mediante la imaginación y la creatividad.

El efecto «Tres meses»

A todos los que somos padres nos ha pasado alguna vez que hemos comprado algún juguete caro a nuestros hijos; ellos abrieron la caja, miraron el juguete y prefirieron jugar con el envoltorio. Y cuando eso pasa nos quejamos porque nos costó mucho dinero. Sin embargo, tendríamos que ponernos contentos porque el niño puede divertirse incluso con algo muy simple. No es necesario tener ese juguete que habla, camina, juega solo, etc. Un simple oso de peluche también activa la imaginación. Se ha comprobado que a los adultos con historial delictivo les faltó juego durante la infancia y por eso no pudieron desarrollar conexiones neuronales y una mente flexible.

Los investigadores aseguran que la felicidad que proporcionan las cosas materiales dura tres meses. Por ejemplo, se ha descubierto que personas que habían ganado millones en la lotería a los tres meses estaban con el mismo nivel de felicidad que antes de recibir todo ese dinero. Hombres que un día lograron comprarse un Ferrari o un Porsche, tres meses después estaban igual de felices que antes de tener su coche de lujo. Creer que las cosas materiales nos van a hacer felices muchos años es una mera ilusión. ¿Qué quiero decirte con esto? No está mal tener cosas materiales, tener muchos juguetes, el problema viene cuando nos engañamos y creemos que la felicidad depende de tener cosas, porque en realidad esa felicidad durará no más de tres meses.

3. ¿POR QUÉ A LOS ADULTOS NOS CUESTA JUGAR?

Fuimos hechos para jugar toda la vida. No obstante, a medida que crecemos vamos dejando de jugar, porque nuestros padres en algún momento nos dijeron: «Deja de jugar, es hora de estudiar», como si el juego fuese lo opuesto al estudio. Actualmente determinadas investigaciones afirman que el juego favorece la capacidad de estudiar, ya que genera plasticidad neuronal.

- La cultura nos hace sentir culpables si jugamos. Se supone que el juego no es para los adultos, ya que en esta etapa tenemos que ser «serios».
- El juego en la adultez se asocia a la adicción; sin embargo, el juego no tiene nada que ver con la adicción, ya que esta es una enfermedad.
- El juego también está socialmente asociado con la irresponsabilidad, cuando en realidad son dos cosas bien diferentes.
- Los niños pueden jugar en cualquier momento, pero los adultos debemos reservar un espacio para el juego. A tal fin organizamos eventos, cumpleaños, cenas y fiestas, por ejemplo.

¡Necesitamos recuperar la capacidad de jugar!

A medida que vamos creciendo perdemos paulatinamente la capacidad lúdica porque asociamos «jugar» con «irresponsabilidad», hemos confundido «responsabilidad» con «seriedad». Decimos: «¡Deja de jugar y ponte a trabajar!» Lo cierto es que el juego no tiene que ver con la irresponsabilidad, ya que podemos ser divertidos y también responsables.

El objetivo de jugar es pasarlo bien. El juego nos ayuda a desarrollar nuestra capacidad de disfrutar, el humor, el placer y además nos relaja. Los juegos son a medida, es decir, a cada uno de nosotros nos divierten cosas distintas. Por ejemplo, hay personas que disfrutan yendo a bailar, mientras que a otros no les gusta para nada; hay quienes se divierten escuchando música clásica, otros prefieren salir con amigos y a algunos les encanta leer. Aunque los estándares sociales, especialmente en el caso de los adolescentes, dicen que todos tienen que hacer lo mismo, vestirse de una forma determinada, etc., es importante recordar que cada uno tiene que divertirse a su manera. Hay personas que se alcoholizan o toman sustancias porque han sido presionadas para que se diviertan así. Y por este motivo van a un lugar que no les gusta, donde no disfrutan, y necesitan tomar alcohol o drogas para desinhibirse. Esto sucede porque la presión social los llevó a hacer algo que no les gusta. Es muy importante que todos podamos conectarnos con lo que a cada uno nos divierte y no seguir lo que socialmente nos dicen que es divertido.

4. EL PODER DEL JUEGO EN LAS DISTINTAS ÁREAS DE LA VIDA

Veamos algunas cuestiones que necesitamos conocer acerca del juego para mejorar nuestra calidad de vida.

- *El juego y el aprendizaje académico*

Estudiar jugando aumenta la capacidad para pensar. El aprendizaje académico tiene que ser un juego que se disfrute, no un castigo. El mejor sistema educativo del mundo es el finlandés. Allí se permite a los alumnos tener diez minutos libres en cada clase para leer lo que a ellos más les guste: un cuento, una historieta o un libro de chistes. El objetivo es que, además de cumplir con lo curricular, los niños puedan asociar la lectura a la diversión. Si todo está pautado, el aprendizaje no será un juego, sino una obligación. Los maestros deben ofrecer actividades como investigaciones o dinámicas de grupos para que los alumnos combinen el estudio de los datos y la información con el juego y la espontaneidad, de manera que sumen lo lúdico a la disciplina y así aprendan a pensar.

Durante años se creyó que los niños que podían estudiar «de memoria» eran los más inteligentes; sin embargo, en realidad estas personas se limitan a repetir datos. Ahora se sabe que la gente inteligente es la que pudo divertirse, disfrutó, tuvo curiosidad, pudo pensar y ahora cuánta con la capacidad de imaginar nuevas soluciones.

Hay una historia que cuenta que Max Planck, el ganador del premio Nobel de Física de 1918, dio una conferencia sobre física cuántica en diferentes universidades de Alemania. Como siempre daba la misma charla, de tanto escucharlo su chófer se sabía de memoria cada palabra que Planck decía. Así fue que un día Planck le propuso al empleado que intercambiaran los papeles. Él se vestiría de chófer y el verdadero conductor daría la charla de memoria. El hombre se presentó como el orador en una prestigiosa universidad. En medio de la charla, una persona lo interrumpió para hacerle una pregunta, él pensó un momento y enseguida respondió: «Esa pregunta es tan fácil que hasta mi chófer podría responderla», y dirigiéndose al doctor Planck indicó: «Responda, por favor.»

Hay personas que pueden repetir de memoria cosas que en realidad no entienden. Hay personas que creen que les cuesta estudiar porque no memorizan. Sin embargo muchas veces no es que tengan dificultad para aprender, sino que deben romper el paradigma de que estudiar es repetir datos de memoria. Estudiar es aprender ciertos datos, por supuesto, pero también es la capacidad de pensar, jugar, imaginar y divertirse.

- *El juego y el deporte*

Jugar no solo es importante en el estudio, también lo es en el deporte. Un día el tenista argentino Gastón Gaudio tiró su raqueta al suelo y exclamó: «¡Qué mal lo estoy pasando!» Gaudio no había perdido el partido, sino la capacidad de divertirse. Los buenos entrenadores animan a los deportistas a que, además de aprender la técnica, se rían, jueguen, se diviertan y se relajen, porque esta es la única manera de que cuando pierdan, también lo pasen bien.

- *El juego y el trabajo*

Tenemos que sentir placer al trabajar, tenemos que divertirnos, y eso no contradice la responsabilidad ni el deseo de superación. Sin embargo, hay trabajos en los que se complica encontrar un espacio lúdico, por ejemplo, el cajero de un banco. En estos casos la solución es que la persona conecte el dinero que recibe por hacer algo que no le gusta con lo que sí le gusta. Por ejemplo, el cajero podría pensar: «Con el sueldo de este mes me voy a comprar el tablero de ajedrez, o la pelota, o el casco que tanto me gustará tener.» El director técnico de fútbol José Néstor Peckerman era taxista, un empleo que no le gustaba, pero mientras estaba trabajando pensaba a qué dedicaría el dinero que ganara. Así fue invirtiendo en las ligas inferiores y comprando materiales para los futbolistas. Además, ese trabajo le permitía tener tiempo para dedicarle al fútbol, que era lo que en verdad amaba. Así, gracias a ese empleo de taxista, pudo desarrollarse en el fútbol. Si hubiese visto este empleo como algo frustrante y no como un medio para hacer lo que en verdad quería, no habría podido ganar el dinero que finalmente invirtió en lo que sí le gustaba.

Si no disfrutamos en el trabajo, si estamos ocho horas amargados, es imposible que a la salida podamos disfrutar de aquello que sí nos gusta, porque no podemos fragmentarnos. Nuestro rendimiento laboral bajará si no disfrutamos y, lo que es peor, podemos llegar a caer enfermos. ¡Tenemos que incorporar la diversión en todas las áreas de nuestra vida!

- *El juego y la mediocridad*

El mediocre es una persona a la que no le gusta jugar. Es alguien que no puede disfrutar y por eso hace las cosas a medias y de mala gana. Cuando una persona tiene la capacidad de disfrutar dejará de ser mediocre.

- *El juego y los problemas graves*

Jugar levanta nuestro humor y así podemos impartir bienestar y gozo a quien lo necesita. Por ejemplo, cuando un ser querido está grave tenemos que jugar. No se trata de llevar a un enfermo a bailar o de organizar una fiesta, sino de generar mi espacio de placer para estar bien y así, sin culpa, ayudar impartiendo fe y alegría a esa persona que está grave.

«Si un ciego guía a otro ciego, se caen los dos.» Si una persona está sufriendo y además nosotros le llevamos nuestro sufrimiento por ella, caeremos los dos en una tristeza aún más profunda. ¡Si no estás bien, no puedes ayudar a nadie!

- *El juego y la comida*

La gente que más disfruta en la mesa es la que menos come. Las personas que tienen obesidad o sobrepeso no disfrutan de la comida y esta les genera angustia. Comer les genera tensión porque no pueden disfrutar. Por ejemplo, hay personas que pueden terminarse dos kilos de helado frente al televisor. Sin embargo, esas personas no lo disfrutan como lo hacen los que, a pesar de gustarle muchísimo el helado, deciden tomar un vasito despacio o saboreándolo. Lo mismo ocurre con las bebidas alcohólicas. Cuando tomamos una copa de vino, lo disfrutamos, pero alguien que se toma tres botellas, no disfruta del vino porque a la primera botella ya está ebrio. La capacidad de disfrutar de la comida nos da moderación.

Todo lo que asumas con responsabilidad lo tienes que disfrutar y no quejarte. Si te comprometiste a trabajar en un proyecto, disfruta de tu trabajo; si asumiste ser líder, disfruta de esta posición.

Hay personas que prefieren la diversión individual, como leer o mirar televisión, y en general disfrutan de estar solas. Pero también hay otras a las que les gusta lo social, por ejemplo, salir a comer o encontrarse con amigos. Todos tenemos una tendencia, pero más allá de que prefieras, ya sea la diversión individual o social, tienes que buscar el placer de divertirte. Por todo esto, vemos que podemos seguir creciendo jugando, que podemos aprender jugando, que jugar es una excelente palabra en todas las épocas de nuestra vida, inclusive en nuestro liderazgo.

5. EL JUEGO COMO RESULTADO

Roger Guillemin, ganador del premio Nobel de Fisiología y Medicina en 1977, decía que su laboratorio era como un parque infantil y que cuando él investigaba, lo hacía con alegría, jugando y disfrutando.

Todos podemos tomar la imaginación y la diversión y llevarlas al área del trabajo para que nos ayuden a resolver nuestros problemas.

Tiger Woods, el mejor golfista de todos los tiempos, narra que cuando era niño tiraba pelotitas de golf a los árboles. ¡Su gran placer era «colgar» pelotitas en las ramas! Después, de adulto, pudo disfrutar la práctica del golf durante horas sin sentir ningún cansancio. Woods logró relacionar el juego con lo que es su vocación.

Son muchas las empresas que se dedican a capacitar a sus empleados para que desarrollen su potencial al máximo. Desde cursos de idiomas, administración y marketing hasta pequeños cursillos de bienestar, como un taller de relajación. El estrés es el primer enemigo para cualquier ser humano ¡y eso tu jefe lo sabe!*

Un buen líder tiene y transmite un anhelo de superación, de ser el mejor y, al mismo tiempo, de formar y tener al mejor equipo. Una forma de lograrlo es planificar en qué momentos conviene incorporar el juego a su tarea.

A continuación encontrarás una lista de empresas que brindan «algo más» a sus colaboradores, extraída del portal Terra. Son compañías pioneras en implementar proyectos basados en el «aprendizaje social» que dan resultados a corto plazo y se miden en términos de productividad.

Airbnb - Además de comida orgánica y clases de yoga en la oficina, los empleados reciben 2.000 dólares para viajar a cualquier lugar del mundo. Pueden llevar a sus mascotas al lugar del trabajo todos los días, si así lo desean. Tam-

---

* http://www.revistaohlala.com/1591660-oficinas-creativas-con-juegos-y-actividades-para-sus-empleados.

bién navegan a vela y tienen una mesa de pinpón para relajarse. A todo eso se le suma un día temático y un «viernes casual» en el que todos visten ropa de fiesta.

Zynga - En un ambiente lúdico no sorprende que la compañía tenga un torneo mensual de póquer. Proveniente de una empresa de juegos, la lista de diversión electrónica incluye Xbox 360, Nintendo, PS3 y máquinas recreativas. Los perros son bienvenidos todos los días y la política de vacaciones —«por favor, descansa y tómate unos días libres»— también está en la lista, que concluye con masaje, acupuntura y reflexología, además de peluquería.

Twitter - A pesar de las sucursales que viene abriendo en diversos países, la sede en San Francisco aún parece ser la más divertida. Allí hay fuutbolines, desayuno y almuerzo gratis (servidos en un espacio de 20.400 m²), clases semanales de yoga y Pilates, además de Zipcar (alquiler especial de coches) y *wireless* con descuento. A ello se le suma, para empleados de cualquier lugar, reembolso de gastos hechos en gimnasios, lavandería y vacaciones flexibles.

Google - Googleplex ya hace tiempo que provoca envidia como oficina por su lista de beneficios, que incluye: productos orgánicos cultivados en la empresa, bicicletas, campos de voleibol, piscina climatizada, gimnasio, clases de gimnasia, peluquería, cambio de aceite y lavado de coches, taller de bicicletas y un tobogán interno. Quien no trabaja en Googleplex también recibe hasta 12.000 dólares para financiar cursos (siempre que obtenga una calificación «B» en las disciplinas) y 5.000 para costos de adopción.*

* http://noticias.terra.com/tecnologia/internet/como-39miman39-a-sus-empleados-las-empresas-tecnologicas,9dd800d6531ab310VgnCLD20 0000bbcceb0aRCRD.html

Accenture - Realiza múltiples actividades lúdicas para los empleados. Además de las tradicionales deportivas como Pilates, yoga, aikido y torneos de fútbol masculino y femenino a lo largo de todo el año, la empresa organiza un «Concurso de Talentos» en el que los empleados presentan a un jurado determinado sus habilidades vinculadas al canto, baile, arte u otras variantes. Existe también una agrupación coral que cuenta con clases de canto todas las semanas y hasta se hacen presentaciones públicas. La búsqueda del tesoro es otro clásico de la compañía, como también los festejos especiales para el Día de la Primavera, Día del Amigo y otras festividades.*

Estas estrategias para motivar a los empleados fomentan las relaciones personales y las capacidades organizativas, de gestión, liderazgo, comunicación y adaptación al cambio.

Como vemos, el juego forma parte de la vida, es una muy buena palabra, y sus resultados mucho más. No tengamos miedo a incorporarlo como parte de un tiempo pensado en nuestro trabajo. Y lo mejor es que un líder también puede y merece jugar.

---

* http://www.infobae.com/2010/11/01/544724-cuales-son-los-juegos-las-empresas-estimular-empleados.

22

ALCANZA LO QUE TE APASIONA

1. ACTIVA LA PASIÓN

Cuando empiezas a soñar y te comprometes con el deseo de tu corazón todo empieza a cambiar. Una vez que tu mente haya delineado el futuro, puedes salir al mundo a construirlo. Cuando sabes qué sueños hay en tu corazón, ya has alcanzado el éxito.

Cuando tienes un sueño concreto, tu vida comienza a expandirse. Descubre el sueño que está dentro de ti y dirígete a la meta.

En esta época, la depresión es un mal muy difundido y profundamente destructivo. Una gran cantidad de personas dicen que están desanimadas, que no tienen motivación o voluntad suficiente para alcanzar una meta: van por la vida como si estuvieran adormecidas.

Esas personas han perdido el fuego interno, la capacidad de motivarse a sí mismas. Esperan que algo o alguien los anime a ponerse en marcha desde fuera. La motivación externa suele ser tan importante que muchas personas pagan importantes sumas de dinero para que les digan una palabra de motivación, de ánimo y de afirmación. Si esa motivación no llega o es insuficiente se frustran. Y se resignan diciéndose «No era mi momento», «No era para mí».

Algunas personas aseguran que sueñan con muchas cosas, pero cuando las consiguen sienten que en realidad no eran tan importantes como pensaban. Se han dedicado plenamente a conseguir algo y cuando lo han alcanzado se dan cuenta de que no llena su vida. Esos sueños que parecen buenos pero que al alcanzarlos no encierran el valor que se les daba son una falsedad, una mala imitación, son «pseudosueños». Es el caso de quien se esfuerza por ganar dinero para comprar una gran casa pero pierde de vista lo que significa un hogar feliz.

¿Qué alimenta nuestro fuego interno, nuestra pasión por vivir? Nuestros sueños. Las personas que tienen sueños nunca están deprimidas. La pasión por hacer realidad un sueño las mantiene en marcha aunque estén físicamente agotadas. La pasión es el combustible que nos permite despertar cada día agradecidos por la vida.

No esperes a que tu sueño aparezca de repente o que alguien te lo proporcione. Tienes que ir hacia él. Y hacerlo con sabiduría, firmeza y convicción. Sigue el ejemplo de los grandes, como el jugador de hockey canadiense Wayne Gretzky, que siempre iba «hacia donde se dirige el disco, no hacia el lugar donde estaba».

Cuando una persona persigue su sueño con pasión no existe el aburrimiento, sus ideas se activan, disfruta de todo lo que hace, las horas del día pasan rápido, no se cansa. Y cuando llega la hora de acostarse, se siente satisfecha de haber vivido un día más que la acercó a ver su sueño realizado.

2. TODO ES POSIBLE

Todas las cosas se crean primero en nuestro interior, en la mente, en el mundo de las ideas, y posteriormente se perfilan en el mundo exterior. Dijo Van Gogh: «El objeto ha tomado forma en mi mente antes de empezar a pintar.»

Todo radica en la mentalidad. Las batallas se ganan primero en la mente y después en el campo de batalla. Si te comprometes, si decides ser uno con tu sueño, ninguna adversidad podrá detenerte hasta que lo veas cumplido.

- Beethoven estaba sordo cuando compuso la *Novena Sinfonía*.
- Roosevelt fue presidente de Estados Unidos desde una silla de ruedas.
- Braille fue un no vidente que inventó el sistema de lectura para ciegos que lleva su nombre.

Si en algo te ha ido mal es porque ya te había ido mal a solas con tu mente. Deja de lado las excusas, no culpes a otros por impedirte alcanzar tus deseos con frases como «Tengo que dedicar el tiempo a mis hijos» o «Nadie reconoce mi trabajo». No vivas siendo esclavo de los demás. Aprende a ser libre tomando las riendas de tu vida.

Recuerda que:

- Nadie más que tú mismo puede tener el control de tus emociones.
- Nadie más que tú mismo puede llenar tu mente de obstáculos.
- Nadie más que tú mismo puede volverte negativo.
- Nadie más que tú mismo puede bloquear tus acciones.

Cada vez que realizas un sueño, ya sea afectivo, financiero o personal, sientes una satisfacción muy grande que te impulsará a ir a por más sueños. Para que cada sueño que visualizas se haga realidad tienes que:

- **Hablar de todo lo que quieres que te pase.** Deja atrás cualquier situación de dolor. Cuando estés listo para pasar de la emoción a la declaración podrás ganar la batalla de tu mente. En la declaración ya no hay desilusión, desánimo o pesimismo, sino compromiso contigo mismo, pasión y voluntad de llegar a la meta.

- **Pasar de la declaración a la acción.** Sé proactivo, no esperes que las cosas vengan a ti, sal a buscarlas. No esperes el momento ideal, determínalo con tus acciones. Estructura el plan. Persevera. No te detengas hasta alcanzar lo que te prometiste a ti mismo.

- **Unirte a otros que sueñan como tú.** Tómate de la mano de otros que ya han llegado a lo que tú aspiras. Crea sinergia con ellos.

No busques la grandeza. Si tu meta no es el aplauso sino realizar el sueño que está en tu corazón eres grande. Cuando persigues tu sueño, tu vida comienza a expandirse. Cuando te comprometes con el sueño que te apasiona, todo lo que hayas hecho para alcanzarlo lo recibirás multiplicado en tu futuro.

3. PASA A LA ACCIÓN

¿En qué nivel de deseo estás viviendo?

Primer nivel: Deseas algo básico, al cabo de un tiempo el deseo se debilita.

Segundo nivel: Deseas un poco más, pero al primer inconveniente el deseo se desvanece.

Tercer nivel: Deseas con entusiasmo, pasas a la acción, pero cuando no puedes resolver un problema el deseo se apaga y se frustra.

Cuarto nivel: Deseas con pasión, con una intensidad que nada ni nadie puede apagar. No importan cuántos sean los noes, siempre habrá un sí para lograr lo que te has propuesto.

Las personas que llegan al cuarto nivel saben que las batallas se ganan primero en la mente y después en el campo de batalla. Si te fue mal, ya habías sido vencido en tu mente. Cuando tu mente está tranquila, estás en condiciones de presentar batalla y ganarla.

Para que el sueño de tu corazón se cumpla es necesario:

- **Pasar de la emoción a la declaración**: En la declaración ya no hay desilusión, pesimismo ni desgana, sino compromiso con uno mismo, pasión y voluntad de ver realizado lo que nos hemos prometido alcanzar.
- **Pasar de la declaración a la acción**: Lo que deseas no irá hacia ti; sé proactivo, sal a buscarlo con agilidad y firmeza. No esperes el momento ideal, traza un plan y tus acciones determinarán el momento ideal.

4. SIGUE EL PLAN

Hay personas que son soñadoras. Sueñan pero no tienen planes. Siempre necesitarás un plan para alcanzar un objetivo, tanto para conseguir el puesto de trabajo que te permitirá progresar económicamente como para construir la relación armoniosa con tus hijos que anhelas. Detalla los pasos que vas a dar hasta llegar a tu meta. Organiza tu tiempo para ponerlos en práctica.

Si tu sueño es fundar un club para que la gente de tu barrio tenga un lugar donde hacer deporte, es muy bueno que lo sueñes, pero si no trazas un plan para hacerlo realidad no será más que una ilusión. Para que efectivamente tus vecinos puedan disfrutar de ese club, tendrás que averiguar si hay un terreno disponible para construirlo, pensar cómo se conseguirán los fondos necesarios, motivar a los demás a que participen, asignar tareas específicas y supervisar la ejecución del proyecto.

Cuando elabores el plan, anota todos los pasos que se deben seguir, desde los más pequeños hasta los más grandes, y cada día comprométete a realizar tres pasos para alcanzar tu sueño. Cada paso te motivará a dar el siguiente. No te detengas.

Si quieres alcanzar grandes triunfos primero tendrás que enfrentarte a pequeños desafíos. Cada pequeña victoria te prepara para tu próximo gran éxito. No te dejes llevar por la prisa, porque te conducirá a cualquier lado, ni por la ansiedad, que te guiará hacia algo negativo. Determina tu nivel de éxito, sé constante, mantén tu convicción a lo largo del tiempo. Si todos los días cumples una pequeña meta, poco a poco avanzarás hasta que llegue el momento en que veas el sueño cumplido.

Y si el plan que diseñaste para llegar a la meta no funciona, sé flexible, cámbialo, busca nuevas estrategias. No sigas estrategias que no funcionan con la esperanza de que el resultado sea distinto. Cambia en primer lugar tu mente. Si tu mente se abre, podrás recibir todo lo nuevo que servirá para alcanzar tu sueño. No funciones en «piloto automático», no seas rígido ni «sabelotodo». Cuando tu mente esté abierta podrás adaptarte a cualquier circunstancia, podrás salir de lo que no funciona para entrar a lo que sí da resultado. Una mente abierta no te permitirá ser indiferente, te moverá del lugar donde nada sucede hacia donde las cosas ocurren.

Tu sueño nunca puede depender de un plan, sino de tu esfuerzo y tu voluntad por concretarlo. Cambiar de plan no es fracasar, sino estar enfocado en tu sueño.

Recuerda que un capitán de barco sabe antes de zarpar por qué ruta irá y a qué puerto quiere llegar. Cuando un ingeniero construye un puente, hace antes un proyecto, calcula cuántas columnas de hormigón necesitará para sostenerlo y qué materiales serán precisos para llevar a cabo la obra.

Nosotros también necesitamos hacer planes, ser flexibles para implementarlos, activar nuestro compromiso y entregarnos por entero a favor de nuestra causa. Tal vez el plan experimente cambios, pero el sueño no se negocia.

Abraza tu sueño y, cuando lo hagas realidad, ¡celébralo! Porque todo aquello que celebres se quedará en tu vida.

23

PLANIFICA UN FUTURO EXTRAORDINARIO

1. SÉ VISIONARIO

Si queremos alcanzar nuestras metas, necesitamos aprender el principio de la visualización. El primer paso para cumplir tu sueño es visualizarlo en tu corazón, en tu espíritu. Si lo haces, podrás verlo cumplido con tus ojos físicos.

La visión desafía tu estructura mental, tu forma de pensar. Te saca de hacer siempre lo mismo y de la misma manera. No se trata de que utilices un razonamiento, de que te convenzas, sino de que tengas la visión. Y es necesario que te veas en esa visión con el sueño cumplido.

Tienes que centrarte en tu realidad interior y cuestionar los patrones de funcionamiento que no te permiten avanzar. Tu realidad interior será la encargada de atraer tu realidad exterior. Tu mundo estará de acuerdo con tu visión.

Cuando a una persona la despiden de su trabajo, primero ya se despidió en su mente, tuvo esa visión. Cuando una persona triunfa, cuando supera las dificultades, es porque se vio decidida a salir de esa situación.

Cuando eres rico en tu mente, tu realidad exterior termina obedeciendo a tu realidad interior. No pongas límite a lo bueno, conquístalo y disfrútalo. Sé el protagonista de tu sueño. Solo tú puedes liderarlo.

Visualiza con frecuencia, con claridad, con intensidad y pasión los sueños de tu corazón. La visión tiene que ser duradera: reproduce una y otra vez, como una película, esa imagen que estás soñando alcanzar.

Para dar en el blanco tienes que ver el blanco. La mayoría de las veces la gente piensa en lo que no desea y habla de sus problemas, de lo que no puede, de aquellas cosas que quiere lograr: no se cree en lo que se ve, se ve en lo que se cree. Cuando veas lo que deseas, lo que quieres lograr, como si fuera una foto, pensarás en el futuro y te orientarás a los objetivos.

Y declara públicamente tus sueños: cuando hablas estás sembrando ese sueño y al mismo tiempo lo estás afianzando. Mientras lo haces, empiezas a vivirlo como si ya lo hubieses alcanzado.

2. JÚNTATE CON VISIONARIOS

Si los demás no te aceptan o no ven lo mismo que tú, sigue adelante; no pienses que tienes dificultades para comunicarte. Tal vez te digan que tu visión carece de sentido común. Recuerda entonces el dicho popular: «El sentido común es el menos común de los sentidos.»

No seas tu peor enemigo, cree a pies juntillas en lo que te has propuesto hacer, a pesar de todos los razonamientos que esgriman para desalentarte. Lo que sucede es que tu visión rompe con la estructura mental que habitualmente se utiliza para entender las cosas, con la manera de pensar «correcta», la que es aceptada. Esa estructura es un modelo rígido que se resiste a los cambios: es lo que se llama «paradigma».

Cuando aplicas un modelo establecido, cuando pones etiquetas, cuando dices: «Los latinos son ineficientes», «Las mujeres están dominadas por las hormonas», cuando te defines como «depresivo» o «impulsivo», estás hablando basándote en un paradigma, una manera de pensar y de ver el mundo. Pero el paradigma se resiste al cambio, su rigidez nos limita. En parte eso ocurre porque nos da confort: nos conformamos con la situación en que estamos porque creemos que no puede haber otra mejor.

En el siglo XIX, cuando el escritor francés Jules Verne publicó su libro *De la Tierra a la Luna*, la posibilidad de enviar una nave tripulada más allá de la atmósfera terrestre era solo fantasía. Pero en el siglo XX, pese a que algunos lo consideraban imposible, un grupo de científicos se atrevió a desafiar los paradigmas y lo hizo realidad.

Lo semejante atrae lo semejante. Rodéate de gente soñadora y visionaria. No construyas tu sueño en compañía de personas indecisas o indiferentes, porque así como lo bueno atrae lo bueno, lo malo atrae lo malo. La incredulidad no hará que veas cumplido tu sueño. Solo podrás cumplirlo con fe y visión.

Tu visión te llenará de fuerza, te situará en el futuro y dará valor a tu presente. Tu visión no reconoce límites ni fronteras, te hará escalar ese monte que debes conquistar.

¡No permitas que ningún paradigma te impida cumplir tus sueños! Júntate con visionarios, con personas que no se conforman con hacer siempre lo mismo, de la misma manera, para obtener siempre los mismos resultados.

3. Descubre tu propósito

Si quieres lograr tu sueño, lo primero que tienes que hacer es concentrarte en lo más importante: tu propósito.

Cada persona está en este mundo por un propósito. Tú naciste con un propósito: un sueño, una meta, te esperaban para poder nacer ellos a su vez.

Descubre cuál es ese propósito, porque si ocupas todo tu tiempo en cosas que no son decisión tuya, que otros han elegido por ti, si no vives con pasión, solo estás llenando tu tiempo. No estás cumpliendo tu propósito, el sueño que permanece en tu interior y fue puesto en ti desde tu concepción. ¿Te has preguntado cuál es el propósito por el cual naciste? No importa que hayas vivido muchos años y acabes de descubrir cuál es. Cuando consigues identificar tu meta, tu visión, cuando descubres el propósito por el que vives, esa claridad hace que todo tu potencial salga a la luz. Entonces, el propósito otorga sentido a abrir los ojos cada mañana, levantarse y caminar en victoria, poniendo toda tu capacidad y tu esfuerzo para realizarlo.

La condición de ser persona te habilita para ir de victoria en victoria. ¡No desperdicies un solo minuto más! Si te sientes feliz con lo que has logrado hasta ahora, sigue adelante, todavía tienes mucho por recorrer. Si no estás completamente satisfecho, vuelve a tu propósito, recuerda que eres «único y original», comienza a idear proyectos, a planificar un futuro de metas alcanzadas y sueños cumplidos.

Todas las creencias son profecías: todo lo que esperas con fe se convertirá en una profecía infalible. Crea la imagen de tu futuro. Viaja a tu futuro por unos minutos, visualiza qué clase de persona eres, dónde vives, cómo estás vestido, cómo caminas. Define cuál es tu propósito en la vida y organiza todas tus actividades en relación con ese sueño.

Decide tu estilo de vida soñado, tu situación, en salud, en prosperidad, en un matrimonio feliz. Comienza diciendo: «Yo quiero...»

Vuelve al presente y comienza a construir el futuro que has visto. Empieza a parecerte a la persona que has visualizado. Invierte en ti mismo, convierte cada momento ocioso en una oportunidad de leer, de capacitarte, de motivarte, de adquirir conocimiento. Invierte en tu aspecto, vístete para tu futuro, porque antes de que escuchen quién eres deben ver quién eres. Crea un futuro próspero, teniendo presente que el dinero no es lo que te hace rico, la riqueza es mucho más, es un sentimiento que puede ser creado. Riqueza es tener salud, es saber lo que deseas, es amarte a ti mismo y amar a los demás, es disfrutar y compartir.

Cuando eres una persona de propósito nadie tiene que estimularte, nadie tiene que convencerte, la motivación está dentro de ti. El objetivo de tu espíritu te conduce a la acción. No contemplas la posibilidad de darte por vencido, porque en ti solo hay coraje, constancia y perseverancia.

4. Descubre cuál es tu meta

Para saber hacia dónde vas necesitas saber dónde estás hoy. Enfócate en el logro de tu objetivo. Identifica tus necesidades y tus deseos para satisfacer paso a paso unos y otros. Atiende primero a tus necesidades —comida, ropa, techo— para luego cumplir tus deseos: buena comida, ropa de calidad, una casa confortable. «Necesito un coche para ir a mi trabajo» no es lo mismo que «Deseo un Ferrari». Lo deseo pero no lo necesito. No hay nada malo en desear cosas de calidad. Lo malo es ser infeliz por no tenerlas.

Determinar tus metas te permite saber dónde te encuentras en este momento y cómo dar el próximo paso. No esperes el golpe de suerte, el milagro.

El alcance de tu sueño determinará el tamaño de tus adversidades. Ten presente que en la vida no hay situaciones desesperadas, solo hay personas que se desesperan.

Las personas que cultivan el bambú lo cuidan durante cinco años sin ver un solo brote. Pasado ese período el árbol crece casi tres metros en cinco semanas. ¿Cuánto tardó en crecer: cinco semanas o cinco años? Piensa que si tienes un sueño fuera de lo común su cumplimiento requerirá una perseverancia fuera de lo común.

5. UN PLAN PARA TU PROPÓSITO

Para cumplir tu propósito, tu sueño, necesitas un plan, una estrategia. No basta con declarar que vas a lograr ese puesto de trabajo o comprar esa casa. Pero si tienes en claro cuál es el propósito, no importa que los planes fallen: tu mente siempre podrá trazar una nueva estrategia.

Hoy los acontecimientos se suceden a gran velocidad y crean nuevas situaciones que pueden hacer necesario un cambio de plan. Si no te sientes a gusto con tu plan, no te preocupes: tal vez no sea el correcto. Si te aferras a un plan que no funciona el resultado es que te paralizas junto con él. El plan es necesario, pero no te enamores de él, no permitas que cierre tu mente. Identifica las prioridades, sé flexible, haz todos los ajustes que correspondan. Si te mantienes fiel a tu propósito podrás emprender una nueva estrategia con nueva pasión y nuevas fuerzas.

Los planes te desafían, te sacan de la zona de confort, del conformismo. Para llevar a cabo tus planes tienes que desarrollar un sistema de hábitos, nada te caerá del cielo. El intelecto o el «apellido» no garantizan el éxito. Para alcanzarlo tienes que poner en marcha un conjunto de habilidades, actitudes y aptitudes: voluntad, esfuerzo, perseverancia. Más importante que tener inteligencia es saber cómo aplicarla.

Busca gente que te ofrezca ideas y recursos para llevar a cabo tu plan. Cada palabra de bendición que recibas, cada conocimiento que adquieras, cada ejemplo de los que ya conquistaron sus sueños te acercará a tu objetivo.

6. IMAGINA TU ESCENARIO FUTURO

¿Cómo imaginas tu vida dentro de cinco años? Piensa dónde te gustaría vivir, en qué desearías trabajar, cómo quieres que sea tu casa, tu estado de salud, tu familia. Visualiza la foto completa, piensa a largo plazo y mejorarás las decisiones inmediatas.

Si dos hermanos crecen en el mismo barrio, tienen padres pobres y son criados de la misma manera, ¿por qué uno prospera y otro no? Porque el que prosperó tenía claro su futuro y el otro no.

En buena medida somos como pensamos que somos y actuamos de acuerdo con el sistema de creencias que tenemos acerca de nosotros mismos. Una creencia no es verdadera solo porque muchas personas la acepten. Es necesario someterlas a un examen individual. Si llenas tu mente de metas y objetivos, de pensamientos positivos, estos te conducirán a resultados extraordinarios. Los pensamientos positivos te defienden de los sistemas de creencias erróneos. Cada situación tiene un lado positivo, y la capacidad de verlo te permitirá resolver las dificultades con más rapidez y eficacia: pensar bien te ayuda a vivir bien.

Renuncia a tus dudas, a tu crítica, al perfeccionismo, a la ansiedad, a la depresión. No vivas de recuerdos, no asocies tu presente y tu futuro con lo que ya viviste. Cuando estés decidido a dejar atrás todos esos pensamientos, actitudes y emociones estarás en condición de emprender el viaje hacia el éxito.

Para ir en busca de un futuro extraordinario incorpora a tu vida estos principios:

- *Cuida de ti mismo y de tus pensamientos.* Si tus creencias son equivocadas, tus acciones también lo serán. Un pensamiento erróneo te hace sentir mal y actuar mal, por lo que los resultados tampoco serán satisfactorios. Si tienes pensamientos correctos obtendrás un sistema de creencias correcto y el resultado será el éxito.
  Rompe los esquemas mentales, flexibiliza tus pensamientos. Las creencias limitadoras te impiden tener otra perspectiva, te llevan a cometer errores y perder tiempo.
- *Habla en positivo.* En lugar de «No voy a conseguir este proyecto», elige decir «Voy a dirigir este proyecto». No digas «No me va a alcanzar el dinero para pagar la hipoteca», sino «Voy a generar el dinero para pagar la hipoteca antes de que se cumpla el plazo». Cuando hablas en negativo te bloqueas, siempre hay un «no». Cuando declaras en positivo posees lo que expresas.
- *Toma el mando de tus emociones.* Si dejas tu vida emocional en manos ajenas, cualquiera podrá lastimarte. No cedas el control de tu vida.
- *Tú decides ser feliz.* Decide por ti mismo lo que crees, lo que piensas, lo que haces y lo que verbalizas. Si di-

ces «Tú me haces feliz», estás entregando tu mundo emocional a otra persona y siempre dependerás de cómo te trate. No permitas que tu felicidad dependa del trato de los demás, sino de cómo te trates tú mismo.

La dependencia y la sumisión crean problemas. La libertad y el dominio de tus emociones, de tus pensamientos y de tus decisiones proporcionan soluciones y resultados extraordinarios.

Empieza a mirar el futuro que te espera. ¿De qué dependerá? De que tengas la visión, te pongas en movimiento y sigas siempre adelante hasta llegar a la meta. ¿Cómo lograrlo? Siendo organizado, eficiente y perseverante. No te detengas a medir los obstáculos y a considerar las circunstancias, no des lugar al desánimo. Mira el triunfo que te espera y podrás saltar todos los obstáculos. Tienes todos los dones que necesitas: fuerza, dinamismo, coraje, actitud.

¿Qué es el futuro? El futuro es ver lo que todavía no existe como si ya existiera.

Las decisiones que hoy tomamos, los compromisos que asumimos, los desafíos que afrontamos y los éxitos que proyectamos perfilan nuestro futuro. Sueña y proyecta. Siembra y trabaja para verlo hecho realidad.

Has nacido para tener un futuro extraordinario. Está en tus manos, depende de tu voluntad, de tu actitud, de tu esfuerzo. No lo desperdicies, no se lo regales a nadie: ha sido creado para que tú lo conquistes.

BIBLIOGRAFÍA

AGAR-HUNTTON, Robert, *How to Deal with Verbal Aggression*, Protectics Limited, 2003.

AILES, Roger y KRAUSHAR, Jon, *Tú eres el mensaje*, Paidós, 1993.

ALBERONI, Francesco, *El arte de liderar*, Editorial Gedisa, 2003, segunda edición.

ARDEN, Paul, *Usted puede ser lo bueno que quiera ser*, Editorial Phaidon Press Limited, 2003.

ALBRECHT, Karl, *Inteligencia práctica. El arte y la ciencia del sentido común*, Vergara, 2008.

ALBERTI, Robert y EMMONS, Michael, *Con todo tu derecho*, Obelisco, 2006.

ALLEN, Frank, *Great Insults and Comebacks*, New Holland, 2008.

ARROYO, Luis y YUS, Magali, *Los cien errores en la comunicación de las organizaciones*, ESIC, 2007.

AXELROD, Alan y HOLTJE, James, *201 ways to Deal with Difficult People*, McGraw-Hill, 1997.

AZAR DE SPORN, Selma, *Terapia sistemática de la resiliencia. Abriendo caminos, del sufrimiento al bienestar*, Paidós, 2010.

BELL, John, *How to Deal with Difficult and Aggressive People*, Pelican Publications, 2004.

BENUN, Ilise, *Stop Puching Me Around! A Workplace Guide for the Timid, Shy and Less Assertive*, Career Press, 2006.

BERCKHAN, Bárbara, *Judo con palabras. Defiéndete cuando te falten al respeto*, Integral, 2009.

BEYERBACH, Mark y HERRERO DE VEGA, Marga, *200 tareas en terapia breve*, Herder, 2010.

BING, Stanly, *¿Su jefe está loco?*, Robin Book, 2007.

BIRLA, Madan, *FedEx cumple*, Norma, 2005.

BRAMSON, Robert, *Coping with Difficult People*, Simon & Schuster, 1992.

—, *Coping with Difficult People: The Proven-Effective Battle Plan That Has Helped Millions Deal with the Troublemakers in Their Lives at Home and at Work*, Dell, 1986.

BRENES PEÑA, Ester, *Descortesía verbal y tertulia televisiva*, Peter Lang, 2011.

BRINKMAN, Rick, *Dealing with Difficult People: 24 Lessons for Bringing Out Best in Everyone*, McGraw-Hill Digital Professional Book Group, 2006.

BULLMORE, Jeremy, *Otro mal día en el trabajo*, Granica, 2003.

BUNGE, Mario, *100 Ideas. El libro para pensar y discutir en el café*, Sudamericana, 2006.

BUQUERAS Y BACH, Ignacio, *Tiempo al tiempo*, Planeta, 2006.

CAGNONI, Federica y MILANESE, Roberta, *Cambiar el pasado. Superar las experiencias traumáticas con la terapia estratégica*, Herder, 2010.

CAMACHO, Santiago, *Calumnia, que algo queda*, La esfera de los libros, 2006.

CAMP, Jim, *Diga no para obtener un sí,* Empresa Activa, 2008.

CAUNT, John, *Confía en ti,* Gedisa, 2001.

CAVA, Roberta, *Cómo tratar con personas difíciles,* Planeta, 1990.

CEBERIO, M., DES CHAMPS C. y otros, *Clínica del cambio,* Nadir Editores, 1991.

CEBERIO, Marcelo, *La buena comunicación,* Paidós, 2006.

—, *Ser y hacer en terapia sistémica,* Paidós, 2005.

CERINI, Silvana, *Manual de negociación,* Editorial de la Universidad Católica Argentina, 2008.

CHAPMAN, Gary, *Los cinco lenguajes del amor,* Unilit, 1992.

CÍA, Alfredo, *Cómo vencer la timidez y la ansiedad social,* Polemos, 2009.

CIALDINI, Robert, GOLDSTEIN, Noah y MARTIN, Steve, *¡Sí! (Cincuenta consejos concretos sobre la manera en que la persuasión y la influencia pueden ayudarte a alcanzar tus objetivos),* LID, 2008.

COOPER, Margaret, *Decisions Decisions Decisions: Learn how to Become a Good Decisions Maker,* Publish America, 2008.

CORIA, Clara, *Los laberintos del éxito. Ilusiones, pasiones y fantasmas femeninos,* Paidós, 1992.

COVEY, Stephen, *La velocidad de la confianza,* FreePress, 2005.

CURY, Augusto, *Cambia tu vida. Desarrolla tu inteligencia y enriquece tu sensibilidad,* Planeta, 2008.

DALE, Paulette, *¿Has dicho algo, Susana?,* Granica, 2001.

DAY, Laura, *Welcome to Your Crisis. How to Use the Power of Crisis to Create the Life You Want,* Little, Brown and Company, 2006.

DAYTON, Tian, *Equilibrio emocional. Cómo alcanzar la sobriedad emocional en la vida. De los traumas de rela-*

ción a la capacidad de recuperación y el equilibrio, Kier, 2009.

DIEHM, William J., *How to Get Along with Difficult People*, Baptist Sunday School Board, 1992.

DOBELLI, Rolf, *El arte de pensar*, Ediciones B, 2013.

CHAND, Samuel, *Seminarios*.

ELLIS, Albert y Grad Powers, Marcia; *El secreto para superar el abuso verbal*, Obelisco, 2002.

FENSTERHEIN, Hebert y BAER, Jean, *No diga sí cuando quiera decir no*, Grijalbo, 1976.

FLAMHOLTZ, Eric y RANDLE, Yvonne, *El juego interno del management. Cómo acceder a un nivel de dirección*, Paidós, 1993.

FRANGOSO DE WEYAND, Edith, *Zona libre de ofensa*, Xulon Press, 2008.

FRIEDMAN, Paul, *How to Deal with Difficult People*, Skillpath, 1994.

FOX CABANE, Olivia, *El mito del carisma*, Empresa Activa, 2012.

GAN, Federico, *101 habilidades emocionales para vivir y trabajar mejor*, Ediciones Apóstrofe, 1998.

GARGIULO, Terrence y SCOTT, Gini, *In the Land of Difficult People: 24 Timeless Tales Reveal How to Tame Beasts at Work*, Amacom, 2008.

GEE, Jeef y GEE, Val, *The Winner's Attitude: Change How You Deal with Difficult People and Get the Best Out of Any Situation*, McGraw-Hill, 2006.

GIESENOW, Carlos, *Psicología de los equipos deportivos*, Claridad, 2007.

GILBERT, Andy, *El arte de marcar la diferencia. Entender y desarrollar la capacidad para marcar la diferencia*, Amat, 2006.

GODWIN, Alan, *How to Solve Your People Problem: Deal-*

ing with Your Difficult Relationships, Alan Godwin, 2011.

GOETTSCHE, Bruce y GOETTSCHE, Rick, *Difficult People*, Xulon Press, 2005.

HADEN ELGIN, Suzette, *The Gentle Art of Verbal Self-Defense*, Dorset, 1980.

—, *More on the Gentle Art of Verbal Self-Defense*, Pearson, 1991.

HAGEE, John, *Convierta sus retos en oportunidades*, Casa Creación, 2009.

HAMPTON, Terry y HARPER, Ronnie, *99 maneras de ser más felices cada día*, San Pablo, 2010.

HAY, Julie, *Dealing with Difficult People: The Workbook*, Sherwood Publishing, 1998.

HILLMAN, James, *Tipos de poder*, Granica, 2000.

HIRIGOYEN, Marie France, *El acoso moral*, Paidós, 2001.

HOLDEN, Robert, *Las claves de la felicidad. Recetas infalibles para obtener un bienestar inmediato*, Plaza & Janes, 2000.

HORN, Sam, *Poder verbal*, Open Project, 1999.

—, *Tongue Fu!: How to Deflect, Disarm, and Defuse Any Verbal Conflict*, St. Martin's Griffin, 1997.

HOUEL, Alan y GODEFROY, Christian, *How to Cope with Difficult People*, Sheldon Press, 1997.

HUDSON O'HANLON, William, *Crecer a partir de la crisis*, Paidós, 2004.

IMBER-BLACK, E., ROBERTS, J. y WHITING, R. (comp.), *Rituales terapéuticos y ritos en la familia*, Gedisa, 1988.

JONES, Graham, «Manejo Personal. Cómo los mejores entre los mejores son cada vez mejores», *Harvard Business Review*, junio 2008.

KAY, Frances, *Dealing with Difficult People for Rookies*, Marshall Cavendish, 2010.

KEENEY, Bradford, *Estética del cambio. Terapia Familiar*, Paidós, 1991.

KELLNER, Hedwig, *El Arte de decir No*, Obelisco, 2005.

KOTTER, John, *El sentido de la urgencia*, Norma, 2009.

La Biblia, Nueva Versión Internacional.

La Biblia, Versión Reina Valera, 1960.

LAKHANI, Dave, *Persuasión. El arte de influir y obtener lo que deseas*, Alfaomega, 2008.

LANDERRECHE, Luisa, *El autoritarismo*, Centro Editor de América Latina, 1995.

LANGFORD-WOOD, Naomi y MANNERING, Karen, *Dealing with Difficult People*, Hodder, 2008.

LARKINS, Lisette, *Difficult People: A Gateway to Enlightenment*, Rainbow Ridge, 2011.

LEIBLING, Mike, *How People Tick: A Guide to Over 50 Types of Difficult People and How to Handle Them*, Kogan Page, 2004.

LIEBERMAN, David, *¿Por qué cometo siempre los mismos errores? Instrucciones para cambiar los 100 comportamientos más molestos y contraproducentes de su vida*, Norma, 1999.

—, *Haga las paces con todo el mundo. Guía para la resolución de conflictos*, Amat, 2002.

LILLEY, Roy, *Cómo tratar con gente difícil*, Gedisa, 2002.

LINKEMER, Bobbi, *How to Deal with Difficult People*, Amacom, 1987.

LITTAUER, Florence, *How to Get Along with Difficult People*, Harvest House, 1984.

LOWNDES, Leil, *Cómo comunicarse con los demás. Técnicas para tener éxito en las relaciones*, Oniro, 2000.

LUCAS, Robert W., *People Strategies for Trainers: 176 Tips and Techniques for Dealing with Difficult Classroom Situations*, Amacom, 2005.

LUNDIN, William, LUNDIN, Kathleen y DOBSON, Michael S., *Working with Difficult People*, Brillance Audio (CD), 2008.

MAISEL, Eric, *Toxic Criticism. Break the Cycle with Friends, Family, Coworkers, and Yourself*, McGraw-Hill, 2007.

MALLINGER, Alian y DE WYZE, Jeannette, *La obsesión del perfeccionismo. Soluciones para acabar con el control excesivo*, Paidós, 1993.

MASON-DRAFFEN, Carde, *151 Quick Ideas to Deal with Difficult People*, Career Press, 2007.

MATA, Nuria, *La manipulación. La perversidad del pequeño poder*, Plataforma Editorial, 2008.

MCGRAW, Phillip C., *Eres importante: Construye tu vida desde el interior*, Fireside, 2005.

MUNRO, Myles, *El espíritu del liderazgo*, Withaker House, 2005.

MURADEP, Lidia, *Coaching para la transformación personal: un modelo integrado de la PNL y la ontología del lenguaje*, Granica, 2010.

MURPHY, Peter W., *How to Control Any Conversation. Simple Ways to Deal with Difficult People and Awkward Situations*, Kindle Editions, 2011.

NARDONE, Giorgio, *Psicosoluciones*, Herder, 2002.

—, *Intervención estratégica en los contextos educativos*, Herder, 2008.

—, *La resolución de problemas estratégicos*, Herder, 2010.

NARDONE, Giorgio y WATZLAWICK, Paul, *El arte del cambio. Terapia estratégica e hipnoterapia sin trance*, Herder, 1990.

O'HANLON, Bill, *Crecer a partir de las crisis. Cómo convertir una situación difícil o traumática en una oportunidad de cambio personal*, Paidós, 2005.

—, *Pequeños grandes cambios. Diez maneras sencillas de transformar tu vida*, Paidós, 2003.

PAPP, Peggy, *El proceso de cambio. Terapia familiar*, Paidós, 1991.

PEURIFOY, Reneau, *Venza sus temores*, Robin Book, 2007.

PINCUS, Marilyn, *Managing Difficult People: A Survival Guide for Handling Any Employee*, Adams Media, 2008.

PIÑUEL, Iñaki, *Mi jefe es un psicópata. Por qué la gente normal se vuelve perversa al alcanzar el poder*, Alienta Editorial, 2008.

POWELL, Barbara, *Las relaciones personales*, Urano, 1987.

ROBERTS, Wess, *Tiranos, víctimas e indiferentes*, Urano, 2003.

ROCA, Elia, *Cómo mejorar tus habilidades sociales*, ACDE Ediciones, 2003.

RODRÍGUEZ CEBERIO, Marcelo, y otros, *Clínica del cambio, teoría y técnica de la psicoterapia sistémica*, Editores Nadir, 1991.

ROZINES ROY, Jennifer, *Difficult People: Dealing with Almost Anyone*, Enslow Publishers, 2011.

SABAT, Rafael, *Hágame caso*, Aguilar, 2004.

SCOTT, Steven K., *Pasos simples hacia sueños imposibles*, VS Ediciones, 2000.

SEIB, Carmen, *Cómo afrontar y superar los chismes*, Ediciones Paulinas, 2001.

SERBIA, Xavier, *La riqueza en cuatro pisos*, Aguilar, 2009.

SHAZERM, Steve, *En un origen, las palabras eran magia*, Gedisa, 1999.

—, *Claves de terapia familiar breve*, Gedisa, 1992.

SILBERMAN, Mel y HANSBURG, Freda, *Seis estrategias para el éxito. La práctica de la inteligencia interpersonal*, Paidós Ibérica, 2005.

SILBERMAN, Mel, *Aprendizaje activo: 101 estrategias para enseñar cualquier tema*, Troquel, 2006.

SOLER, Jaume y CONANGLA, M. Mercè, *Juntos pero no*

atados: de la familia obligada a la familia escogida, Amat, 2005.

SPEAKMAN, James y Hogan, Kevin, *Psychological Tactics and Tricks to Win the Game*, John Wiley Sons, 2006.

STALLINGS, Jim, *Difficult People*, Create Space, 2009.

STAMATEAS, Alejandra, *Cuerpo de mujer, mente de niña*, Ediciones Presencia de Dios, 2005.

—, *Culpable por ser mujer*, Planeta, 2008.

STAMATEAS, Bernardo, *Autoboicot*, Planeta, 2008.

—, *Libres de la gente*, Ediciones Presencia de Dios, 2006.

—, *Emociones lastimadas*, Ediciones Presencia de Dios, 2005.

—, *Las 7 leyes irrefutables de la sanidad interior. Principios para sanar las heridas del alma*, Ediciones Presencia de Dios, 2006.

—, *Quererme más*, Planeta, 2011.

STERNBERG, Robert, *El triángulo del amor. Intimidad, pasión y compromiso*, Paidós, 1989.

STORR, Anthony, *Sobre la violencia*, Kairós, 1973.

SUÁREZ, Enrique G., *Vivir sin miedo*, Mlibros, 2006.

EL TALMUD, Vaikrá Rabá 33.

TAVERNIERS, Karin, «Abuso emocional en parejas heterosexuales», en *Revista Argentina de Sexualidad Humana*, 15(1), Buenos Aires, 2001.

THORPE, Scout, *Pensar como Einstein*, Norma, 2001.

THOMPSON, George J., y otros, *Verbal Judo: The Gentle Art of Persuasion*, Harper, 1983.

TRACY, Brian, *Caminos hacia el progreso personal. La psicología del éxito*, Paidós Ibérica, 1996.

—, *Metas*, Empresa Activa, 2004.

TRÍAS DE BES, Fernando, *El libro negro del emprendedor*, Empresa Activa, 2007.

VALENCIA, Jota Mario, *Insúltame si puedes*, Planeta, 2012.

VERA GUERRERO, María Nieves y ROLDÁN MALDONA-

DO, Gloria María, *Ansiedad social. Manual práctico para superar el miedo*, Pirámide, 2009.

WAINSTEIN, Martín, *Intervenciones para el cambio*, Buenos Aires, JCE, 2006.

WATZLAWICK, Paul, *El sinsentido del sentido o el sentido del sinsentido*, Herder, 1995.

—, *El arte del cambio*, Herder, 1995.

—, *El ojo del observador*, Gedisa, 1994.

—, *Lo malo de lo bueno o las soluciones de Hécate*, Herder, 1994.

—, *Teoría de la comunicación humana*, Herder, 1993.

—, *El lenguaje del cambio,* Herder, 1992.

—, *La coleta del barón de Münchhausen*, Herder, 1992.

—, *La realidad inventada*, Gedisa, 1990.

WEIDNER, Jens, *No te cortes*, Gestión, 2000.

WIEMANN, Mary O., *Te Amo/Te Odio. Armonizar las relaciones personales*, Aresta, 2009.

WIERSBE, Warren W., *Seamos sabios*, Portavoz, 2002.

WILLI, Jurg, *La pareja humana. Relación y conflicto*, Morata, 2002.

WITHFIELD, John, *La gente hablará*, Norma, 2012.

WISEMAN, Richard, *59 segundos. Piensa un poco para cambiar mucho*, RBA, 2009.

WRIGHT, Norman, *Libérese del temor. Un proceso para reclamar su vida*, Caribe, 2005.

ZELCER, Beatriz, *Las formas del abuso*, Lugar, 2011.

ZELINSKI, Ernie, *El arte de mejorar nuestra calidad de vida. Las claves de la vida fácil*, Amat, 2003.

—, *Disfrutar de la vida trabajando poco y a tu manera*, Amat, 2008.

—, *Pensar a lo grande*, Paidós Ibérica, 2001.

1 er. Congreso Virtual de Psiquiatría Interpsiquis 2010
www.interpsiquis.com

http//www.conpoder.com/jovenes/enamoramiento.html.
(«Como las águilas», Jenny Jaramillo).

http://es.shvoong.com/books/477677-fabula-del-%C3%
A1guila-el-cuervo/

http://www.marietan.com/matrial_psicopatia/entre-vista_
mirol_2010.html

http://www.vivepensa.blogspot.com.ar/2011/08/el-señor-
que-se-creia-critico-de-arte.html

http://www.dailyintheworld.org/todays_devotion?page
=849

http://www.obrerofiel.com/ilustracion-autopista-nues-
tro-pan-diario

http://www.ciudadseva.com/textos/cuentos/ale/hesse/fa-
bula.htm

http://www.elcolaborador.com/ilustraciones.htm

http://www.bible.org/illustration/famous-violinist

http://www.doslourdes.net/viento_y_el_sol.htm

http://www.inteligencia-emocional.org/como-tratar-per-
sonas-dificiles/como_reacciona_usted.htm

http://www.anecdonet.com/modules.php?name=News&
file=article&sid=266

http://www.laureanobenitez.com/cuentos_con_valores.
htm

http://www.ted.com/talks/lang/es/pamela_meyer_how_
to_spot_a_liar.html

http://www.colegiosfsales.com.ar/descargas/explo/Pre-
Exploradores_Cuentos.pdf

http://www.kaaj.com/psych/

http://www.morim-madrichim.org

DEL MISMO AUTOR

GENTE TÓXICA

Bernardo Stamateas

En nuestra vida cotidiana no podemos evitar encontrarnos con personas problemáticas. Jefes autoritarios y descalificadores, vecinos quejosos, compañeros de trabajo o estudio envidiosos, parientes que siempre nos echan la culpa de todo, hombres y mujeres arrogantes, irascibles o mentirosos... Todas estas personas «tóxicas» nos producen malestar, pero algunas pueden arruinarnos la vida, destruir nuestros sueños o alejarnos de nuestras metas.

¿Cómo reconocer a la gente «tóxica»? ¿Cómo protegernos y ponerles límites? Bernardo Stamateas responde a estas preguntas con claridad y convicción. Sus consejos nos ayudarán a hacer nuestras relaciones personales más saludables y positivas. En definitiva, nos ayudarán a ser mucho más felices.

Bernardo Stamateas es licenciado en Psicología, terapeuta familiar y sexólogo clínico. Ha impartido conferencias en distintos lugares del mundo como miembro de la Sociedad Argentina de Sexualidad Humana.